Von Staubsaugern und Menschenrechten

32 Gründe, warum Europa eine
verdammt gute Idee ist

Inhalt

Einleitung

Ja, peinlich: Auch ich habe die Europawahl früher manchmal geschwänzt. Weil ich unbedingt einen Spaziergang mit meiner Freundin machen musste. Oder unbedingt mit meinen Söhnen an die Elbe fahren wollte. Wobei ich die Wahlen in manchen Jahren auch schlicht vergessen habe.

Aber Brüssel war ja auch wirklich weit weg. Bis 2009, bis der Vertrag von Lissabon in Kraft trat, durfte das Europaparlament vor allem repräsentieren und protestieren. Wobei es auch gutheißen und abnicken durfte, was andere längst beschlossen hatten. Die Musik spielte woanders, nicht im Europaparlament, und das war einer der Gründe, warum viele die Europawahl nicht wichtig nahmen.

Dieses Jahr, am 26. Mai 2019, gehe ich ganz bestimmt zur Europawahl. Weil das Europaparlament inzwischen eine Menge zu sagen hat. Und weil diese Europawahl die wichtigste ist, die es je gab.

Quer durch die EU gewinnen Populisten an Boden. Ihre Anführer heißen Gauland und Le Pen, Salvini und Wilders. Wobei sie auch Orbán oder Kaczyński heißen. Sie wollen die Räder zurückdrehen. Sie verachten die EU. Brüssel ist in ihren Augen der Sündenbock für vieles, was heute in der Welt falsch läuft.

Gerade ist eine Prognose der Denkfabrik ECFR erschienen. Danach könnten die Populisten rund 30 Prozent der Stimmen erreichen. Die CDU/CSU wird wohl die größte Fraktion im Europaparlament werden. Auf den Plätzen dahinter: Parteien, die alle die EU in ihrer jetzigen Form ablehnen.

Prognostizierte Sitzverteilung der 10 größten Nationalparteien im Europäischen Parlament

	Partei	Franktion im EU Parlament	Anzahl der Sitze		Herkunftsland
			2018	2019	
1.	CDU CSU	EPP Group	34	30	Deutschland
2.	LEGA	ENL	6	29	Italien
3.	PiS	ECR	18	24	Polen
4.	M5S	EFD	14	24	Italien
5.	Rassemblement National	ENL	15	22	Frankreich
6.	Bündnis 90/Die Grünen	The Greens – EFA	13	19	Deutschland
7.	En Marche!	alde	0	19	Frankreich
8.	Platforma Obywatelska	EPP Group	22	18	Polen
9.	PD Partito Democratico	S&D	31	16	Italien
10.	SPD	S&D	27	14	Deutschland

Poll of Polls Prognose 3.1.2019, nach Darstellung des ECFR

Auf Platz 2 liegt laut dieser Prognose die rechtspopulistische Lega um den italienischen Innenminister Matteo Salvini mit 29 Sitzen. Salvini, der kürzlich polterte, Europa müsse „lernen, das italienische Volk zu respektieren".

Platz 3: Die polnische PiS, die Partei für Recht und Gerechtigkeit um Jarosław Kaczyński, mit wohl 24 Sitzen. Kaczyński, der kürzlich erklärte: Zwar wolle Polen EU-Mitglied bleiben, „aber das bedeutet nicht, dass wir die Fehler des Westens wiederholen müssen und uns von den sozialen Krankheiten anstecken lassen", welche die EU zerfressen.

Platz 4: Die Fünf-Sterne-Bewegung um den italienischen Wirtschaftsminister Luigi Di Maio mit wohl ebenfalls 24 Sitzen. Luigi Di Maio, der voraussagt, es werde bei der Europawahl ein „politisches Erdbeben" geben. „Dieses Europa wird in sechs Monaten zu Ende sein."

Platz 5: Marine Le Pen und der Front National aus Frankreich mit voraussichtlich 22 Stimmen. Seit neuestem heißt die Partei Rassemblement National (Nationale Sammlungsbewegung). Marine Le Pen hat einmal im „Spiegel" erklärt, sie wolle die EU „zerstören".

Das Rezept der Populisten, um die Zukunft zu meistern: weniger Europa, mehr Nationalstaat, weniger Freihandelsabkommen, mehr nationale Alleingänge. Der Klimawandel ist ihnen erst mal egal, Sanktionen gegen Russland lehnen viele ab. Rechte für Arbeitnehmer und Schwule, Schutz von Minderheiten und Flüchtlingen? Nein danke. Stacheldraht statt Schengen.

Behält die Prognose recht, dann wird es laut werden im Europaparlament. Erreichen die Anti-EU-Parteien sogar mehr als 33 Prozent der Sitze und ziehen sie an einem Strang, dann können sie die Arbeit des Europaparlaments nicht nur durch Zwischenrufe stören. Dann können sie sogar die Arbeit wichtiger Ausschüsse behindern, Gesetze blockieren, Gelder umleiten, Handelsabkommen verzögern – und verhindern, dass die EU nach außen mit einer Stimme spricht und den Trumps, Putins, Xis und Erdoğans dieser Welt einig und entschieden entgegentritt.

Das ist die schlechte Nachricht. Die gute: Noch ist es nicht so weit. Noch ist es nur eine Prognose. Wenn dieses Buch herauskommt, sind es noch anderthalb Monate bis zur Europawahl. Zeit, zu mobilisieren. Zeit, für Europa zu streiten. Zeit, den Vereinfachungen zu widersprechen.

Es darf sich nicht wiederholen, was beim Brexit-Votum in Großbritannien passiert ist: Dass die Jüngeren – die Befürworter eines offenen Europa – in großer Zahl zu Hause blieben, während die Nationalisten und die EU-Skeptiker sich in großer Zahl aufmachten zu den Wahllokalen. Letztere hatten ein Anliegen. Sie wollten raus aus der verhassten EU. Während jene, die gern dabeigeblieben wären, sich in Sicherheit wiegten. Es werde schon gut ausgehen. So wie es ja meistens gut ausgeht.

Doch diese Zeiten sind vorbei. Der Angriff der Populisten hat begonnen. Die schweigende Mehrheit muss laut werden. Wir müssen andere überzeugen, zur Europawahl zu gehen. Wir brauchen ein starkes Europaparlament.

Was in Brüssel schiefläuft, davon lesen wir jeden Tag in der Zeitung. Und es stimmt ja auch: Warum die Banken retten, aber nicht Arbeitslosigkeit entschiedener bekämpfen? Wo bleibt eine einheitliche, faire Flüchtlingspolitik? Warum fühlen sich die Menschen in vielen Regionen abgehängt vom Fortschritt?

Alles richtig. Doch hier geht es einmal darum, wie unendlich viel die EU leistet, vom Klimaschutz bis zum Wettbewerbsschutz, von

Durchschnittlicher Wähleranteil populistischer Parteien in Europa (in %)

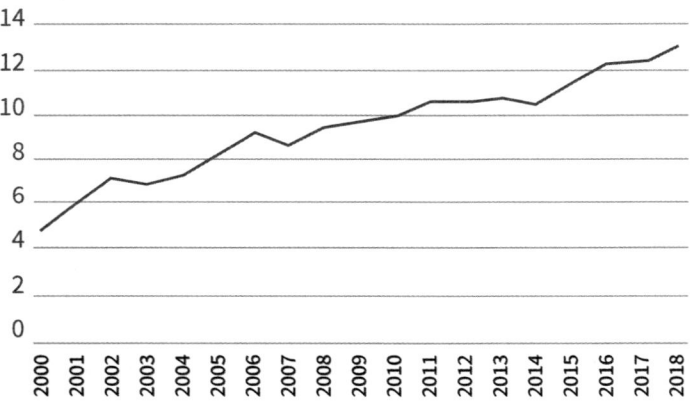

Quelle: Timbro Authoritarian Populism Index, Eigene Darstellung

---

stabileren Banken bis zu gerechteren Löhnen, von sauberen Flüssen bis zu energiesparenden Staubsaugern.

Ja, stimmt: Mindestens 100 Millionen Euro sollen Rumänen und andere Osteuropäer pro Jahr an Kindergeld abgezogen haben – für Kinder, die gar nicht existierten. Die „Welt am Sonntag" deckte den Skandal auf, viele Zeitungen berichteten. Und wirklich – solch einen Missbrauch sollten wir schnell unmöglich machen.

Weniger bekannt ist, dass die rumänische Wirtschaft seit dem EU-Beitritt 2007 besonders dynamisch wächst, zuletzt mit rund 5 Prozent. Und wie so oft ist Deutschland der wichtigste Handelspartner. BMWs und Polos, Autoersatzteile und Maschinen, Jeanshosen und Reinigungsmittel im Wert von über 30 Milliarden Euro pro Jahr gehen hin und her zwischen den beiden Ländern.

Das nützt uns Deutschen, weil es bei uns Arbeitsplätze sichert. Und das nützt Rumänien, weil es dort erst recht Arbeitsplätze sichert. Das Land hat sich erstaunlich entwickelt. Man kann heute, auch dank der Unterstützung aus Brüssel, das Wasser aus dem Hahn trinken und auf 800 Autobahnkilometern durchs Land fahren. Dank mehrerer EU-Projekte erholen sich bis zur Donaumündung die Bestände des Störs, des uralten Fisches, der seit 200 Millionen Jahren durch unsere Flüsse schwimmt. Gut, dass die Grenzen zu Rumänien offen sind.

Die Idee zu diesem Buch ist schnell erklärt. Unter dem Eindruck des Brexit und der Attacken gerade aus Ungarn und Russland wollte das Recherchezentrum CORRECTIV aufklären, was die handfesten Vorteile der EU sind. Und will so Argumente liefern gegen Populisten. Seien es Kräfte von ganz rechts, die für ein Ende des Europäischen Parlamentes werben, seien es Kräfte von ganz links, die in Europa nur das Machwerk von Konzernen sehen.

Der Publisher von CORRECTIV, David Schraven, den ich seit langem kenne, hat mich angerufen und gefragt, ob ich das Buch schreiben will. Ich habe gern zugesagt. Nein, ich habe nicht 10 Jahre lang als Korrespondent in Brüssel gearbeitet und kann nicht die 28 Mitglieder der EU-Kommission herunterbeten. Aber ich habe mich gefreut auf eine spannende Erkundungsreise.

Auf den ersten Blick ist die EU kompliziert. Sie ist weder ein Staat noch eine internationale Organisation, sondern etwas anderes, das es nur einmal gibt auf der Welt. In Brüssel treffen Menschen aufeinander, die mehr als 20 Sprachen sprechen. Da braucht es Worte und Floskeln, die sich einfach übersetzen lassen. So ist eine neue Sprache entstanden für die Zusammenarbeit im neuen Europa. Sie strotzt vor bombastischen

Wörtern: Finanzstabilisierungsfazilität, Nichtbeistands-Klausel, Kreditvergabekapazität.

In Brüssel mögen sie Sinn ergeben. Im Rest der Welt versteht man sie nicht. Darum werden sie hier nur in Ausnahmefällen vorkommen. Dieses Büchlein ist leichtfüßig bis heiter. Bedeutsame Traktate gibt es schon.

Zu einem guten Teil stütze ich mich auf Gespräche, die ich mit den Expertinnen und Experten der Stiftung Mercator geführt habe. Und ich habe bei den Gewerkschaften recherchiert, bei der IG Metall und der IG BCE. Auch der Gewerkschaftsbund DGB hat eine gute Übersicht über Europa-Themen erarbeitet. Danke an alle für ihre Unterstützung.

Ich weiß jetzt, dass wir dringend mehr Europa brauchen. Ich weiß jetzt, dass wir die Populisten zurückdrängen können. Und noch etwas weiß ich: Dass ich nie wieder eine Europawahl verpassen werde.

Ariel Hauptmeier

Exkurs: Was bei der Europawahl 2019 auf dem Spiel steht

1. Demokratie und Freiheit. Es geht um unabhängige Richter und das Recht von Journalisten, ohne Maulkorb zu berichten. Um Mindestlohn und Arbeitsschutz und das Recht auf Asyl. Diese Europawahl ist eine Werte-Wahl.

2. Wohlstand. Wer die EU spaltet, macht alle arm. Dazu braucht es keinen Dexit oder Grexit oder Frexit. Es genügt, das Europaparlament so weit zu lähmen, dass der mehrjährige Finanzrahmen – der Haushalt für die nächsten sieben Jahre – nicht verabschiedet wird. Schon steht vieles in der EU still. Und viele Europäerinnen und Europäer werden ärmer.

3. Steuergerechtigkeit. Viele Menschen haben den Eindruck, ihre Gesellschaften driften auseinander. Dass die Armen ärmer und die Reichen reicher werden. Steuergerechtigkeit ist ein komplexes Thema. Man kann das nicht von heute auf morgen ändern. Aber die EU-Kommission ist dran.

4. Umweltschutz. Es geht um den Klimawandel und saubere Luft in unseren Städten, um weniger Gülle auf den Feldern und weniger Plastik in den Müllverbrennungsanlagen. Ohne die EU würden viele Länder weniger tun. Die EU hat eine weltweite Führungsrolle bei Umweltthemen. Wer Populisten wählt schwächt sie.

5. Unsere Stimme in der Welt. Russland will Europa destabilisieren. Der Kreml hat Interesse an einer zerstrittenen EU und er schürt den Streit nach Kräften. Schauen Sie genau hin: Was fordern die Populisten, wenn es um Russland geht?

Wir brauchen die EU ...

1 ... weil offene Grenzen Arbeitsplätze schaffen

Wie bitte? Heißt es nicht, dass uns die Ausländer die Arbeit wegnehmen?

„Auf den ersten Blick könnte man das denken", sagt Martin Kahanec, Professor an der Central European University in Budapest. „Es gibt einen Job, und wenn nun ein Portugiese oder Pole kommt, dann ist der Job weg und ich gehe leer aus." Könnte man denken. Tatsächlich sei es meist genau anders herum: Wenn Arbeiterinnen und Arbeiter aus der EU zu uns nach Deutschland kommen, schaffen sie Jobs.

„Ich gebe Ihnen ein Beispiel", sagt Martin Kahanec. „Eine Lehrerin betreut ihre kranke Mutter. Nun stellt sie eine Pflegekraft aus der Slowakei ein. Dann hat erstens die Slowakin einen Job – und zweitens kann die Lehrerin wieder arbeiten gehen." Die Gleichung könne also genauso gut lauten: Aus eins mach zwei. Eine Migrantin = zwei Jobs.

„Es gibt viele Vorteile von offenen Grenzen, sagt Martin Kahanec. Und er zählt auf:

→   Migranten sind flexibler als Einheimische. Sie gehen in Länder und in Branchen, in denen gerade qualifizierte Arbeitskräfte fehlen.

→ So steigern sie die Effizienz von Märkten und fördern Wachstum und Investitionen.

→ Sie fördern Handels- und Geschäftsbeziehungen mit ihrer Heimat und erleichtern den Transfer von Technologie.

→ Sie verjüngen alternde Gesellschaften.

→ Sie helfen durch Rücküberweisungen, Wirtschaftskrisen in ihren Heimatländern abzufedern.

„Ich habe einen guten Überblick über die Studien zu dem Thema", sagt Martin Kahanec. „Und es gibt nur wenige, die einige negative Effekte in Nischenarbeitsmärkten belegen." Vor allem aber zeigen die Daten: Migration nützt den Einheimischen. Nur wissen das die meisten nicht. Und das sei ein riesen Problem. Dass den Menschen in Europa die Zusammenhänge nicht besser erklärt werden. So hätten viele den Eindruck: Ihr Land habe die Kontrolle über seine Grenzen verloren. Und das schade ihnen.

Martin Kahanec stammt aus der Slowakei und gilt als führender Experte in Sachen Migration und Arbeit. Wir telefonieren an einem Samstag miteinander. Gerade ist er mit seiner Familie in seinem Wochenendhaus im Slowakischen Paradies, einem Gebirgszug im Zentrum des Landes. Im Sommer steht er dort in wasserdichter Latzhose im Fluss und angelt Forellen. Sein liebstes Hobby. Er erzählt, dass er schon in sechs europäischen Ländern gelebt habe. Offiziell könne heute ja jeder überall in Europa arbeiten. Theoretisch. Im Alltag gebe es zig Hürden. „Und ich kann Ihnen sagen: Der Papierkram nervt."

Herr Kahanec, was sind die Nachteile der Mobilität innerhalb der EU? Es gibt vor allem zwei, sagt er:

→ Die Entsendeländer haben das Nachsehen. Zuerst steigen dort die Löhne und sinkt die Arbeitslosigkeit. Aber allmählich überaltert die Bevölkerung und leeren sich die Sozialkassen. So wie in Litauen, wo seit 1990 rund ein Viertel der Menschen ausgewandert ist. Kinder wachsen ohne ihre Eltern auf, die Bevölkerung schrumpft. Die Auswanderer, die in London, Dublin oder Oslo arbeiten, fehlen in ihrer Heimat.

→ Für den einzelnen Arbeiter könne es hart werden. Der sehe vielleicht erst mal nur Verdrängung. Kommen etwa viele gute, günstige Klempner aus Polen nach Großbritannien, dann haben britische Klempner das Nachsehen. Sie müssen sich anpassen. Sie könnten, wenn sie clever sind, ein Sanitärunternehmen gründen, in dem sie polnische Klempner beschäftigen. Das wäre eine Win-win-Lösung – zu der aber nicht alle in der Lage sind.

„Stattdessen schimpften viele Briten in den sozialen Medien auf die EU und behaupteten, die Polen nähmen ihnen Jobs und Kindergeld weg", sagt Martin Kahanec. Und am Ende stimmten viele für den Brexit – obwohl all die Arbeiter aus der EU der britischen Wirtschaft als Ganzes genützt haben.

Einmal war Martin Kahanec zu Gast im BBC-Fernsehen und hat seine Daten präsentiert. Dass die Klempner dem Land nützen. Hat ihm jemand zugehört? „Die Zahlen sind klar – aber sie erreichen viele Leute nicht mehr", sagt er. In diesen Zeiten von Fake News, in denen sich viele ihre eigenen Wahrheiten zusammenbasteln. Das mache ihm Sorgen.

Letzte Frage, Herr Kahanec – stimmt das Vorurteil, dass die EU den gut Ausgebildeten nützt und den weniger gut Ausgebildeten schadet?

„Es ist klar, dass einige mehr profitieren als andere", sagt Martin Kahanec. „Aber die Daten zeigen, dass der offene Binnenmarkt die europäische Wirtschaft stärkt und dass davon alle Schichten profitieren."

Unionsbürgerinnen und -bürger, die in einem anderen Mitgliedstaat leben

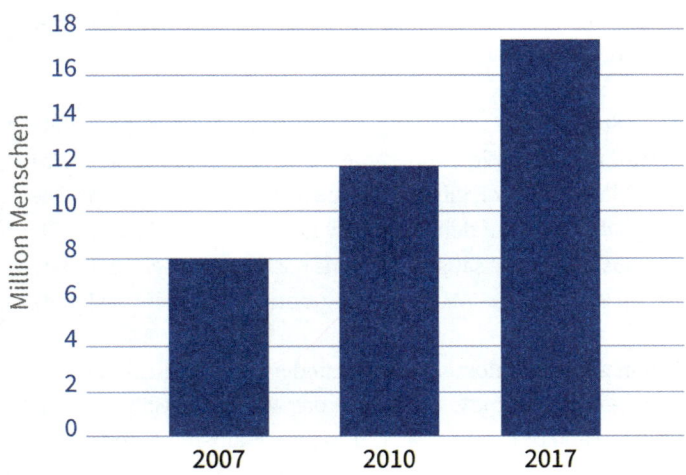

Quelle: Eurostat, eigene Berechnungen

2 ... weil Staubsauger jetzt weniger Strom fressen

Die Staubsaugerrichtlinie klingt unverkennbar nach Brüssel, vollständig heißt sie „Verordnung (EU) Nr. 666/2013 der Kommission vom 8. Juli 2013 zur Durchführung der Richtlinie 2009/125/EG des Europäischen Parlaments und des Rates im Hinblick auf die Festlegung von Anforderungen an die umweltgerechte Gestaltung von Staubsaugern." Die Staubsaugervorschrift ist Teil der Ökodesign-Richtlinie, die sich nach und nach viele alltägliche Produkte schnappt und sie regelt: Heizkessel und Fenster, Server und Autoreifen, Fernseher und Weinkühlschränke. Damit es nicht so heiß wird auf der Erde.

Heizplatten von Kaffeemaschinen müssen jetzt nach 40 Minuten abgeschaltet werden, Espresso-Automaten nach einer halben Stunde. Fernseher dürfen im Standby-Modus nur noch eine Leistung von maximal einem Watt aufnehmen. Moderne Heizkessel sparen Energie und Autoreifen rollen jetzt leichter.

Auch Staubsauger verschlangen früher viel Energie, heute dürfen sie nur noch 900 Watt aufnehmen. Und sie mussten eine ganze Weile lang – aktuell gibt es darum einen Rechtsstreit – ein Energielabel tragen, auf dem steht, wie laut sie sind und wie viel Staub sie rauspusten. Sie saugen übrigens nach wie vor sehr gut, die neuen Staubsauger. Man musste nur die Düse anders designen.

Schon 2008 beschlossen die EU-Länder in ihrer „Regulierungswut" – ihrem Klimaschutzeifer – das Aus für die Glühbirne. In Deutschland brach Panik aus. Es kam zu Hamsterkäufen und in den Zeitungen stand: Energiesparlampen machen Krebs. Stimmte so nicht. Aber tatsächlich enthielten sie giftiges Quecksilber.

Allein, es wirkte. Zehn Kohlekraftwerke konnte man danach rechnerisch in der EU abschalten. Millionen Tonnen klimaschädliches CO_2 wurden nicht in die Atmosphäre gepustet. Längst ist der Handel in Europa glühlampenfrei. Und nun kommen die LEDs, die noch viel weniger Strom verbrauchen und bald das gleiche warme Licht verbreiten wie die gute alte Glühbirne.

Der Stromverbrauch der Privathaushalte steigt unterdessen weiter. Wegen all der Handys, Computer, iPads, Flachbildschirme, Playstations. Sie verbrauchen mehr Energie als durch Staubsauger und Glühbirnen eingespart wird. Ob es auch dafür eines Tages bessere Lösungen geben wird?

3 ... weil kein Staat die nächste Flüchtlingskrise allein bewältigen kann

Kennen Sie Gerald Knaus? Er war in den vergangenen Jahren häufig in Talkshows zu Gast, wenn es um Schutz und Asyl ging. Weil er schafft, was nur wenige andere hinkriegen: Realistische Lösungen zu skizzieren in dieser gereizten, ideologisch aufgeladenen Debatte.

Zwischen denen, die in jeder Abschiebung einen Akt der Barbarei sehen und dafür plädieren, mehr Schutzsuchende aufzunehmen. Und jenen, die fürchten, die Kontrolle zu verlieren und die EU-Außengrenzen am liebsten ganz dicht machen würden.

Gerald Knaus steht in der Mitte. Er ist Pragmatiker. Sein Motto: Empathie und Kontrolle. Wer Schutz benötigt, wer vor Verfolgung flieht, wird weiter aufgenommen, so, wie es die Menschlichkeit gebietet und wie es die Genfer Flüchtlingskonvention vorschreibt. Andererseits: Wer keinen Schutz benötigt, muss rasch wieder gehen und wird nach kurzer Zeit in sein Heimatland zurückgeschickt. Viel konsequenter als bisher.

Auch Gerald Knaus gehört zum Mercator-Netzwerk. Seit langem fördert die Stiftung die von ihm gegründete Denkfabrik ESI, die European Stability Initiative. Unter anderem wurde dort der EU-Türkei-Deal vorgedacht. Der eigentlich ein Deutschland-Niederlande-Türkei-Deal war, denn diese drei Länder verhandelten ihn am Ende.

Gerade ist Gerald Knaus mal wieder ziemlich beschäftigt: Am Vortag hat er den niederländischen Justizminister getroffen. An diesem Tag wird er dem tschechischen Fernsehen ein Interview geben und mit griechischen Politikern sprechen. In einigen Tagen wird er in Paris im Élysée-Palast vorsprechen. Und so weiter. Berlin, Madrid, Stockholm. In einem fort ist er unterwegs, damit sich etwas tut.

Frage: Herr Knaus, warum erhitzt gerade das Thema Asyl die Gemüter heute so sehr?

Gerald Knaus: Weil es um viel geht. Weil an Europas Grenzen in den letzten Jahren so viele Menschen starben wie sonst nur in einem Krieg. Jeder erinnert sich an den kleinen syrischen Jungen, der 2015 in der Türkei ertrank. Dabei starben seit damals Tausende mehr, vor allem auf dem Weg nach Italien. Und weil viele Menschen Angst davor haben, die Kontrolle zu verlieren.

Was hat die EU in den vergangenen Jahren richtig gemacht?

Nicht viel. Die Situation im Mittelmeer bleibt beschämend und alarmierend.

Die Zahlen sinken. Gerade übers Mittelmeer kommen immer weniger Schutzsuchende.

Ja, doch mit welchen Methoden? Die EU versteckt sich hinter Italiens Populisten und macht gemeinsame Sache mit libyschen Milizen, die sich die Uniform der Küstenwache übergezogen haben. In Internierungslagern dort wird gefoltert. Seenotrettung wird torpediert.

Es gab zuletzt etliche Versuche, das europäische Asylsystem zu reformieren. Was wird davon übrigbleiben?

Asylanträge (Drittstaaten) in den Mitgliedsstaaten der EU, 2006-2017 (in Tsd.)

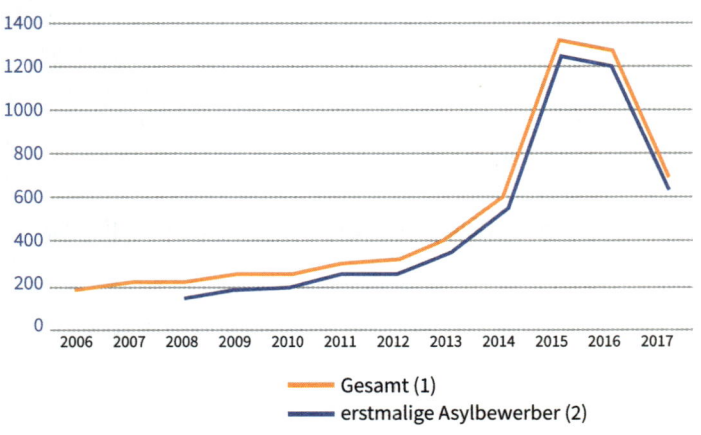

(1) 2006 und 2007: EU-27 und extra-EU-27.
(2) 2006 und 2007: nicht verfügbar.
Quelle: Eurostat (Online-Datencodes: migr_asyctz und migr_asyappctza

Das Dublin-System, nach dem der erste Mitgliedstaat, den ein Mensch erreicht, den Asylantrag bearbeitet, ist gescheitert. Die Situation in den Hotspots in Griechenland ist bestürzend, die Diskussion über mehr Beamte an den EU-Außengrenzen eine Scheindebatte. Wir brauchen jetzt eine Koalition von Mitgliedstaaten, damit es zu einer europäischen Politik kommen kann, die auf Werten und Interessen beruht.

Was wäre denn die Lösung?

Deutschland, Frankreich, Spanien, die Niederlande gehen mit einem klaren Konzept voran, so wie einige Staaten 1985 bei Schengen vorangegangen sind. Sie richten Asylzentren für die EU am Mittelmeer ein, in denen Anträge binnen zwei Monaten korrekt und fair bearbeitet werden. Sie ernennen einen Sonderbeauftragten, der afrikanischen Herkunftsländern endlich ein faires Angebot macht – damit die ab einem Stichtag Bürger zurücknehmen. Im Gegenzug bietet die EU Visa an. Die EU-Länder verteilen die Flüchtlinge unter sich und finden eine realistische Lösung für die Hunderttausende, die heute durch Europa irren, die keinen Schutz bekommen, nicht arbeiten dürfen, aber auch nicht zurückgeschickt werden können.

Das klingt nicht allzu utopisch. Wie schnell ließe sich so etwas umsetzen?

Wenn sich eine seriöse Koalition bildet, könnte es sehr schnell gehen. Sonst wird es nie passieren.

Was spricht dagegen?

Einige fürchten, wenn eine Gruppe vorangeht, ist dies schlecht für

Anzahl der Asylbewerber aus Drittstaaten in den Staaten der EU, 2016 und 2017 (erstmalige Asylbewerber in Tsd.)

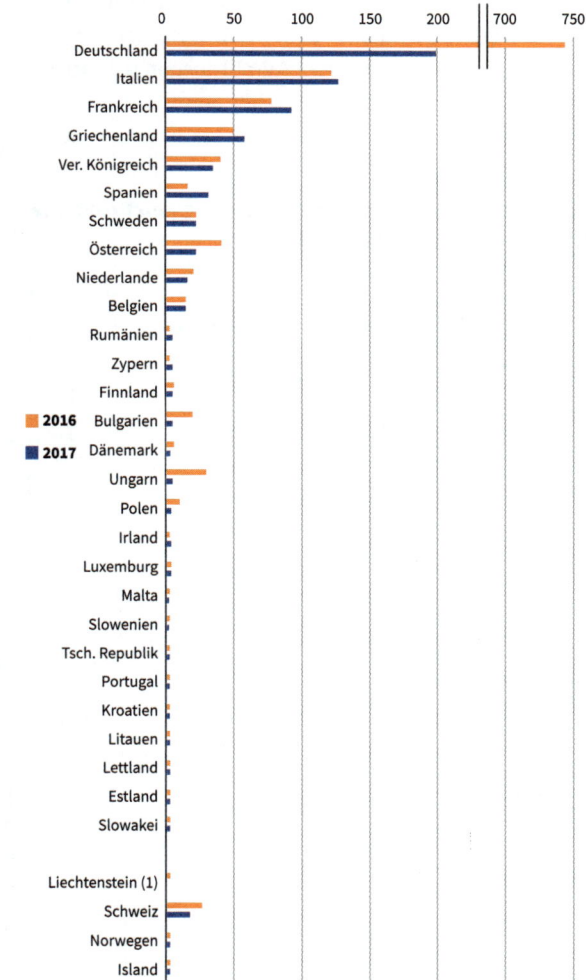

Hinweis:
Die x-Achse ist unterbrochen. Unterschiedliche Intervalle ober- und unterhalb der Unterbrechung.
(1) 2017: nicht verfügbar.
Quelle: Eurostat (Online-Datencode: migr_asyappctza)

die EU. Das Gegenteil ist wahr. Heute spalten Orbán und Salvini die EU und hindern die anderen Länder in ihrem Eigeninteresse daran, gute Lösungen zu finden. Und in Brüssel werden Dinge versprochen, die nie gelingen können. Wir brauchen realistische Lösungen, die auch mehrheitsfähig sein können.

Was sind Ihrer Meinung nach die beiden wichtigsten Probleme, denen die EU zurzeit gegenübersteht?

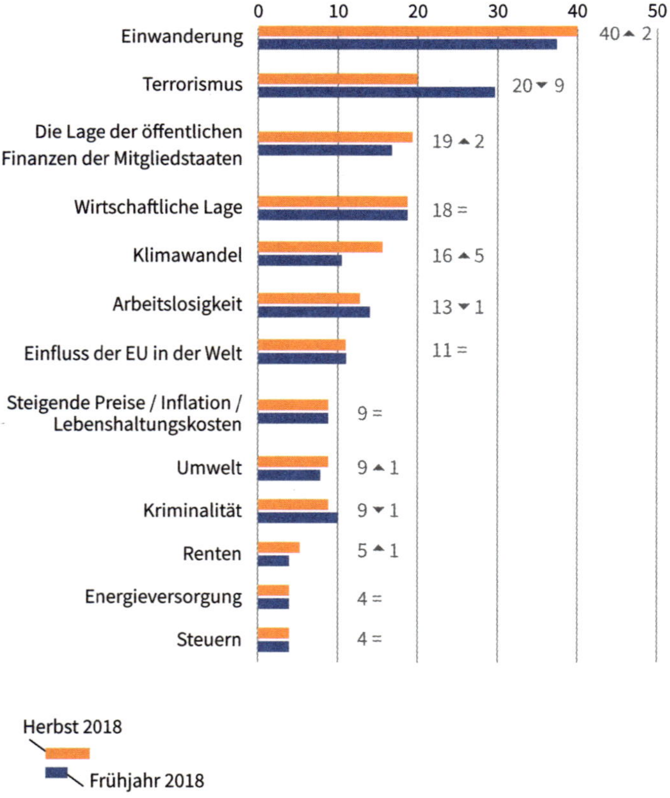

Einwanderung	40 ▲ 2
Terrorismus	20 ▼ 9
Die Lage der öffentlichen Finanzen der Mitgliedstaaten	19 ▲ 2
Wirtschaftliche Lage	18 =
Klimawandel	16 ▲ 5
Arbeitslosigkeit	13 ▼ 1
Einfluss der EU in der Welt	11 =
Steigende Preise / Inflation / Lebenshaltungskosten	9 =
Umwelt	9 ▲ 1
Kriminalität	9 ▼ 1
Renten	5 ▲ 1
Energieversorgung	4 =
Steuern	4 =

Herbst 2018

Frühjahr 2018

Warum?

Weil es ohne Mehrheiten mittelfristig keine vernünftige Politik
geben kann. Weil der Status quo unnötiges Leiden verursacht.
Weil er den Populisten hilft.

Und jetzt?

Die Zahl der Ankommenden ist stark zurückgegangen. Das heißt
einerseits: Der Druck, Lösungen zu finden, scheint geringer.
Andererseits wäre es jetzt leichter, Lösungen umzusetzen. Wir
dürfen nicht auf die nächste Krise warten. Das würde nur den
Feinden eines liberalen Europas helfen.

4 ... weil sie Plastiktrinkhalme verbietet

Und wieder vom Großen ins Kleine. Zu den Trinkhalmen, den
Wattestäbchen, den Zigarettenkippen. Binnen zwei Jahren sollen
in der EU alle Wegwerfartikel aus Plastik verboten werden, wenn
es umweltfreundliche Alternativen gibt. In Ruanda sind Plastiktüten seit 2008 streng verboten. Auch deshalb ist Kigali eine
so saubere Stadt. In der EU aber verbrauchen die Menschen bis
zu 100 Milliarden Plastiktüten pro Jahr. Und bis zu 35 Milliarden
Plastiktrinkhalme.

Und da sind noch nicht eingerechnet: die Chipstüten, die Colafla-
schen, die Joghurtbecher, die Schutzhüllen, wenn man sein Hemd
aus der Reinigung holt. 25 Millionen Tonnen Plastikmüll werden
jedes Jahr in der EU produziert. Nur ein kleiner Teil wird recycelt,
der Rest wird verbrannt oder landet auf Deponien.

Wer Kinder hat, bei dem stehen Plastiktrinkhalme ziemlich sicher im Schrank. Bitte schön – ein Smoothie. Kaum hat das Kind ihn ausgetrunken, schmeißt man den Halm in den Müll und denkt nicht weiter drüber nach. Und denkt man doch einmal darüber nach, ist klar: Das ist absolut unnötiger, unsinniger Einmalkonsum.

Der Trinkhalm: ein Symbol für den sorglosen Umgang mit Rohstoffen, den wir Industriestaaten dem Rest der Welt jahrzehntelang vorgelebt haben. Mehr als drei Erdbälle wären nötig, wenn alle Menschen auf der Welt so wie wir Deutschen konsumieren würden, hat eine Umweltorganisation einmal grob überschlagen.

Die Diagnose ist klar, wir müssen was tun. Aber wie kommen wir da hin? Wann werden sich 28 Länder aufraffen, ihren Bürgerinnen und Bürgern beizubringen, einen Thermosbecher dabei zu haben, ehe sie zu Starbucks gehen, und dass sie ihre Cola künftig am besten aus Pfandflaschen trinken?

Europa produziert 25 Millionen Tonnen Plastikmüll

nur 30%
werden recycelt

39%
werden verbrannt

31%
landen auf Deponien

Quelle: PlasticsEurope, 2014

Hier kommt die EU ins Spiel. Der vermeintliche Beamten-Moloch, das angebliche Bürokratiemonster. Richtiger wäre: der Motor des Fortschritts.

Es begann, wie so oft, mit einem Vorstoß der EU-Kommission. Sie besteht aus 28 Kommissaren, aus jedem Land einer. Sie sind so etwas wie die Ministerinnen und Minister der EU und können Gesetze in Gang bringen.

Und so hat am 16. Januar 2018 EU-Kommissar Frans Timmermans in Straßburg die europäische Strategie für Kunststoffe vorgestellt. Erst mal war es nur ein grober Plan, der vorsah: weniger Abfälle, mehr Recycling, neue Regeln für Schiffe und Häfen, Investition in neue Technik, mehr internationale Zusammenarbeit. Mit Indien zum Beispiel. Denn auch der Ganges kotzt Jahr für Jahr einen riesigen Plastikberg in die Weltmeere. Wobei auch Indien inzwischen gehandelt hat: Ab 2022 ist Einwegplastik dort verboten.

Es begannen die Beratungen. Die Konsultationen. Die Expertengespräche. Die Vorstöße der Lobbyisten. Der Handel preschte freiwillig vor: Rewe, Lidl und Kaufland erklärten, Plastikgeschirr aus ihren Regalen zu verbannen. Im Dezember 2018 war es dann soweit: Parlament, Kommission und Ländervertreter einigten sich in einer Marathonsitzung auf die Plastikstrategie.

Und am nächsten Morgen berichteten die Zeitungen, was das heißt:

→   Schluss mit Plastikgabeln – weil Holzgabeln genauso praktisch sind.

→ Schluss mit Einweg – bis 2025 sollen 90 Prozent der Trinkflaschen aus Plastik recycelt werden. Und Einwegdeckel müssen an der Flasche befestigt werden.

→ Auf der Verpackung von Feuchttüchern muss stehen, dass sie Plastik enthalten.

→ Wer Zigaretten herstellt, soll dafür zahlen, dass die Kippen eingesammelt werden.

→ Ab 2030 sollen alle Kunststoffverpackungen wiederverwertbar sein.

Natürlich bedeutet dieser Wandel auch Einschnitte. Für so manches Plastikunternehmen werden die kommenden Jahre schwer werden. Sie werden sich umstellen müssen, damit sie weiter am Markt bestehen können.

Und genau das geschieht derzeit. Konzerne wie Covestro arbeiten an nachhaltigen Ersatzkunststoffen zu herkömmlichem Plastik. Rohstoffe werden erforscht, ausgetauscht, besser verwertbar. Innovationen werden vorangetrieben. Warum nicht Massenkunststoff auf Basis von Gras produzieren? Eine gesamte Branche hat sich auf den Weg gemacht, weil es auf sie ankommt. Weil wir alle Kunststoff brauchen, weil er nicht wegzudenken ist.

Der Wandel wird eine Herausforderung, natürlich. Arbeitsplätze sollen nicht gefährdet, sondern zukunftsfähig werden. Doch was wäre die Alternative? Eine Umwelt, in der wir nicht gesund leben können. Und Konzerne, die sich nicht an eine neue Zeit anpassen können und untergehen.

„Mehr Verbote, bitte!", kommentierte danach eine Journalistin der „Zeit". Es gebe kein Menschenrecht auf Autofahren in der Innenstadt oder Plastiktrinkhalme an jedem Straßenkiosk. Die Gesetze aus Brüssel seien keine Bevormundung, sondern eine Befreiung. „Sie befreien von der unlösbaren Aufgabe, die Rettung des Planeten im Alleingang mit den eigenen Konsumentscheidungen bewerkstelligen zu müssen."

Wenn alle in Europa den Wandel gleichzeitig angehen, bekommt keiner einen Wettbewerbsvorteil. Der Wandel wird gestaltbar. Brüche können vermieden werden. Ein Ursprungsgedanke der EU.

5 ... weil sie Google Milliardenstrafen aufbrummt

Wer ist die bekannteste EU-Kommissarin? Genau: Wettbewerbshüterin Margrethe Vestager, die Dänin mit dem Kurzhaarschnitt und den bunten Kleidern. Sie redet Klartext. Sie ist der Schrecken globaler Konzerne. Und der Schrecken von Donald Trump. Auf einer Konferenz soll er zu EU-Kommissionspräsident Juncker gesagt haben: „Ihre Steuerdame, die hasst die USA wirklich."

Worauf Margrethe Vestager in einem Interview geantwortet hat: „Ich habe die Tatsachen dieser Aussage überprüft. Ich beschäftige mich mit Steuern, ich bin eine Frau, also ist der erste Teil seiner Aussage hundertprozentig korrekt. Aber der zweite ist völlig falsch. Wir Dänen fühlen uns den Vereinigten Staaten sehr verbunden."

Daheim ist sie seit langem ein Star. Sie war Vorbild für die harte, ehrliche Ministerpräsidentin in der TV-Serie „Borgen". 2017 wurde sie in die „Times"-Liste der 100 wichtigsten Persönlichkeiten aufgenommen.

Noch bekannter wurde sie im Juli 2018, als ihre Behörde Google 4,34 Milliarden Euro Strafe aufbrummte. Die mit Abstand höchste Kartellstrafe aus Brüssel für ein einzelnes Unternehmen. Und schon die zweite Strafe für Google: Bereits 2017 musste der Konzern 2,42 Milliarden Euro blechen, weil er in den Suchergebnissen seinen eigenen Dienst Google Shopping am besten platziert hatte. Nun wurde der Konzern ein zweites Mal zur Ordnung gerufen.

„Ich fand es einfach nicht in Ordnung, dass ich auf meinem Android-Handy nur Google als Suchmaschine nutzen kann, nur weil Google Android besitzt", hat Margrethe Vestager in ihrer menschlichen, pragmatischen Art gesagt.

Seit 2017 ermitteln Vestager und Co. gegen die deutsche Autoindustrie. Haben BMW, Daimler, Volkswagen sowie die VW-Töchter Audi und Porsche beim Dieselskandal nicht nur ihre Kunden betrogen, sondern sich dabei auch noch abgesprochen? Die Bundesregierung hat die deutsche Autoindustrie bislang geschont. Kommt die Absprache heraus, Margrethe Vestager wäre sicher wenig zimperlich.

Beim Kartellrecht greift die EU durch, seit langem. Und das ist gut so. Ein Lkw-Kartell flog auf, unter anderem mit Daimler, Renault, MAN, genauso wie Zinsmanipulationen, von denen auch die Deutsche Bank profitierte. Ein Bildröhren- und ein Fahrstuhlkartell wurden zerschlagen, ein Vitamin- und ein Rolltreppenkartell bestraft, ein Autoglas- und ein Wachskartell aufgelöst. Kartelle verhindern Innovationen, zementieren Ungerechtigkeit und

Ungleichheit, gefährden langfristig Emanzipation, Fortschritt und Wohlstand aller Menschen.

Gerade in digitalen Zeiten drohen Monopole. Beherrschen einige wenige Player den Markt. Sie sind unendlich mächtig und sie wollen sich an uns bereichern. Gut, dass Frau Vestager und ihre Leute sich dem entgegenstellen.

Exkurs: „Wir setzen auf europäische Betriebsräte."

Jörg Hofmann, Vorsitzender der IG Metall

Jörg Hofmann ist Vorsitzender der IG Metall und verantwortet deren grundsätzliche Ausrichtung und ihre internationalen

Beziehungen. Er sagt, Europa sei lebenswichtig. Der gemeinsame Markt biete viele Chancen für die Zukunft, doch der Markt allein genüge nicht. „Europa wird nur als ein soziales und solidarisches Europa eine Zukunft haben", sagt Hofmann.

Frage: Herr Hofmann, sind Sie als Jugendlicher durch Europa gefahren?

Jörg Hofmann: Ja, das begann mit dem deutsch-französischen Jugendaustausch. Aber Europa war geteilt. Durchzogen von Mauern und Grenzzäunen. Und es gab Diktaturen, die mich abschreckten, nach Griechenland, Spanien oder Portugal zu reisen. Heute liegen Lissabon oder Ljubljana im Gefühl der Jugendlichen vor der Haustür. Ich hatte dann das Glück, in Paris zu studieren und ein europäisches Land somit nicht nur als Tourist kennenzulernen.

Europa ist nun offen geworden. Wie wichtig ist das?

Die europäische Einigung ist eine der größten Errungenschaften der europäischen Geschichte und prägt unser Miteinander nun schon 70 Jahre. Das hat unsere Kultur, unser Gesellschaftsbild, aber natürlich auch das wirtschaftliche Miteinander bestimmt. Uns hat die Europäische Union einen enormen Gewinn an Wohlstand gebracht. Und nur als starke Gemeinschaft werden wir Europäer auch im globalen Gefüge der Zukunft noch eine Rolle spielen und unsere Werte vertreten können. Das gilt gerade auch für die Rechte der Beschäftigten.

Offene Grenzen bedeuten nicht nur, dass Menschen Urlaub machen können, wo sie wollen. Es bedeutet auch, dass Waren von einem Land ins andere gebracht werden

können – ohne Hürden. Ist das gut für die Industrie? Oder schlecht, weil Arbeitsplätze ins Ausland verlagert werden?

Gerade für ein Industrieland mit einer starken Exportwirtschaft wie Deutschland sind die offenen Grenzen Gold wert und sichern zigtausende Arbeitsplätze. Allerdings hat viel zu lange die reine Wettbewerbslogik dominiert. Es stimmt, dass sich niemand in einen Binnenmarkt verliebt. Und für Gerechtigkeit sorgt der Markt schon dreimal nicht. Deshalb ist unsere Forderung klar: Wir brauchen ein soziales Europa, das die Interessen der Beschäftigten in den Mittelpunkt rückt.

Ganz grundsätzlich: Sind Arbeitsplätze in Deutschland bedroht, wenn Autozulieferer in Osteuropa Teile produzieren lassen oder Chemiekonzerne Vorprodukte in Südeuropa?

Auf dieses Spiel sollten wir uns nicht einlassen. Wir haben gesamteuropäische Lieferketten und unsere Kolleginnen und Kollegen wissen, dass wir nur stark sind, wenn sich die Beschäftigten nicht gegeneinander ausspielen lassen. Da endet unsere Solidarität nicht an nationalen Grenzen. Deshalb setzen wir als IG Metall auf die Zusammenarbeit mit den Gewerkschaften in Europa, auf europäische Betriebsräte. Und wir sehen, dass dort, wo Gewerkschaften handlungsfähig sind, sich auch die Entgelte und Arbeitsbedingungen deutlich verbessern. Das ist der erfolgreichste Weg zur Angleichung sozialer Standards — starke Gewerkschaften in allen europäischen Ländern.

Ich will anders fragen: Wäre es für die Arbeiter in Deutschland besser, wenn die Grenzen dicht wären – so wie früher? Könnten dann nicht alle höhere Löhne fordern? Zumindest Populisten reden immer wieder davon.

Wozu das in der Realität führt, kann man am Beispiel des Brexit gerade sehr anschaulich beobachten. Wären die Grenzen wieder dicht, hätten wir weniger und nicht mehr Beschäftigung. Und leiden wird die britische Arbeiterklasse. Populisten versprechen einfache Antworten – aber sie bauen auf Lügen auf. Nicht Abschottung, sondern Zusammenarbeit macht uns stark. Und wenn wir in die Länder schauen, in denen Populisten vom Schlage Orbáns regieren, dann sehen wir, dass Arbeitnehmerrechte mit Füßen getreten werden, um den Konzernen höhere Profite zu ermöglichen.

Die EU legt Mindeststandards in der Arbeitssicherheit, für Arbeitszeiten und für Tarif- und Mindestlöhne fest. Ist das gut oder schlecht?

Das ist gut, aber soziale Mindeststandards genügen nicht. Die EU muss zur Schutzmacht der Beschäftigten in der Transformation werden. Dafür muss sie aktive Industriepolitik und faire Handelspolitik machen. Und es muss Schluss sein mit Angriffen auf Tarifautonomie und Sozialsysteme. Auch reine Sparpolitik im Rahmen der EU führt am Ende ins Abseits, wir brauchen mehr Investitionen in die nachhaltigen Industrien der Zukunft.

Kann Europa den nationalen Sozialstaat ersetzen?

Nein, aber Sozialdumping verhindern. Unsere Forderung nach sozialer Sicherheit richtet sich in erster Linie an den Nationalstaat, heute und in absehbarer Zukunft. Europa darf auch nicht als Abrissbirne sozialer Standards, etwa in Deutschland, missbraucht werden.

Die deutschen Gewerkschaften waren gegenüber der

europäischen Idee von Anfang an aufgeschlossen. Vertreter der Gewerkschaften setzten sich für die Durchsetzung der Montanunion Anfang der 50er Jahre ein. Wie wichtig ist Ihnen dieses Erbe?

Wir sind stolz auf dieses Erbe und wir sehen es als Verpflichtung, auch heute als IG Metall für ein soziales Europa zu arbeiten. Ich bin überzeugt: Europa wird nur als ein soziales und solidarisches Europa eine Zukunft haben. Als ein Europa, das die Arbeitnehmerinnen und Arbeitnehmer in den Mittelpunkt rückt. Dazu braucht es auch heute den Einsatz der Gewerkschaften, um die notwendige solidarische und demokratische Erneuerung Europas voranzutreiben.

6 ... weil sie den Friedensnobelpreis bekommen hat

Ich bin 1969 geboren. Ich habe sie noch kennengelernt: die Versehrten, die Verwundeten, die alten Nazis. Denen der Krieg noch in den Knochen steckte. Buchstäblich. Den alten Willi, der im Posaunenchor neben mir saß und immer einen Lederhandschuh trug, weil er in Stalingrad einen Granatsplitter abbekommen hatte. Den alten Herrn Tiedemann, unseren Religionslehrer mit Hang zum Sadismus: An hohen Tagen durften wir Kinder an sein Holzbein klopfen. Oder nehmen Sie meinen Onkel Gustav, aus Ostpreußen angeheiratet, der bis zu seinem Tod damit prahlte, wie sie es damals den „Polacken" gezeigt hätten.

Lange her. Ein Glück.

Ein Frieden, stabil seit

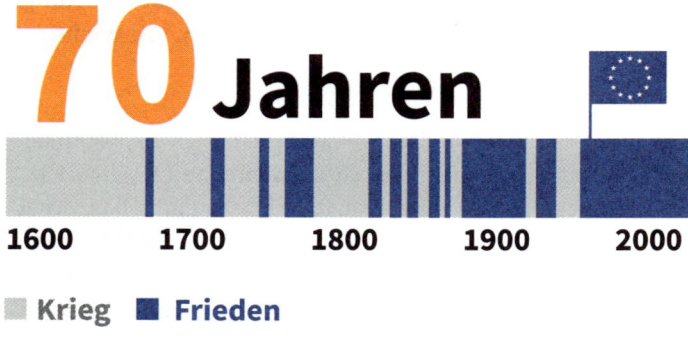

70 Jahren

1600   1700   1800   1900   2000

■ Krieg ■ **Frieden**

Früher war eigentlich immer Krieg. Heute ist schon so lange Frieden, dass wir ihn für normal halten. Aber das ist er nicht. Er ist das Werk von mutigen, visionären Menschen.

2012 erhielt die EU die wichtigste Auszeichnung, die auf diesem Erdball vergeben wird: den Friedensnobelpreis. Weil die EU „Frieden und Versöhnung, Demokratie und Menschenrechte in Europa" gefördert habe, so die Begründung. Am 10. Dezember schritten damals Martin Schulz, Herman Van Rompuy und José Manuel Barroso ins Rathaus von Oslo und nahmen strahlend die goldene Medaille entgegen. „Pro pace et fraternitate gentium", ist darauf eingraviert. „Für den Frieden und die Brüderlichkeit unter den Menschen."

„Es ist besser, sich am Verhandlungstisch zu streiten als auf dem Schlachtfeld", sagte Herman Van Rompuy in seiner Dankesrede als Präsident des Europäischen Rates. Ein Zitat von einem der

Gründerväter der Europäischen Union, dem Franzosen Jean Monnet, der nach dem Krieg die Idee zur Montanunion hatte.

7 ... weil sie ein Vorbild in der Welt ist

Auch Steffen Dobbert, Jahrgang 1981, kennt in seinem Leben nur Frieden. Und war ein eher lauwarmer Europäer. Doch vor einigen Jahren ist er aus diesem Wohlstandsdusel gerissen worden.

Er war für „Zeit Online" im Winter 2013/2014 dabei, als in der Ukraine, in Kiew auf dem Maidan, Zehntausende für mehr EU und weniger Putin demonstrierten. Mehr als 100 von ihnen starben, „einige kurz zuvor noch die blaue EU-Flagge in der Hand", sagt Steffen Dobbert.

„Ich brauchte dieses Erlebnis, um zu begreifen, was die EU wert ist", sagt er. Eine Polizei, der du vertrauen kannst. Wahlen, bei denen deine Stimme zählt. Dass korrupte Politiker im Gefängnis landen. Dass eine Tomate quer durch die EU kutschiert werden kann, ohne einmal kontrolliert zu werden. Während er an der Grenze zur Ukraine vier Stunden lang im Auto hockte, weil irgendein griesgrämiger Beamter ihn nerven wollte.

Die kriegsähnlichen Momente auf dem Maidan waren ein Wendepunkt für Steffen Dobbert. Er ging zehn Jahre nach seinem Studienabschluss noch einmal studieren und machte seinen Master in Europawissenschaften.

Wobei: Dieses Studium war dann zunächst wieder eine Ernüchterung. Von wegen Europa-Pathos. „Ich habe gemerkt: Es ist alles viel zu kompliziert", sagt er. Eurogruppe, Europäischer Rat, Europarat, „das versteht doch keiner". Es besser zu erklären, das macht er seither als Reporter. Und sitzt eigentlich ständig im Flugzeug quer durch die EU.

Dobbert glaubt fest an mehr Europa. Weil eine Generation heranwachse, für die es selbstverständlich sei, in Barcelona zu studieren und in Berlin feiern zu gehen. Eine Generation, die nur aus der Ferne unpolitisch wirke. Sollte der Zusammenhalt in der EU in Gefahr sein, würden die jungen Leute in Massen für mehr Europa demonstrieren.

Dobbert ist sich sicher: In 20, 30 Jahren wird die EU ein Staatenbund sein, mit einer gemeinsamen Armee, einer richtigen Außenministerin und einem direkt gewählten Europaparlament, das die Gesetze verabschiedet. „Alles andere macht keinen Sinn."

Während wir telefonieren, klappert im Hintergrund Besteck. Wo er gerade sei? „In Rom. Moment." Ich höre, wie er den Kellner fragt, wie das Viertel heiße, in dem er gerade sei. „Ich bin in EUR", sagt er dann. Im Europa-Viertel von Rom, einst für eine Weltausstellung angelegt. Zufall? Wohl kaum.

8 ... weil Millionen deutsche Jobs vom Binnenmarkt abhängen

Wissen Sie noch, was Sie am 1. Januar 1993 gemacht haben? Ich weiß es noch genau: Ich saß mit meinem besten Kumpel Eric verkatert und glücklich in einem Dorf in Andalusien, und wenn mir irgendetwas egal war, dann der Europäische Binnenmarkt, der

Anteile am Welthandel (Waren) – Exporte und Importe auf US-Dollar-Basis

in Prozent des Welthandels

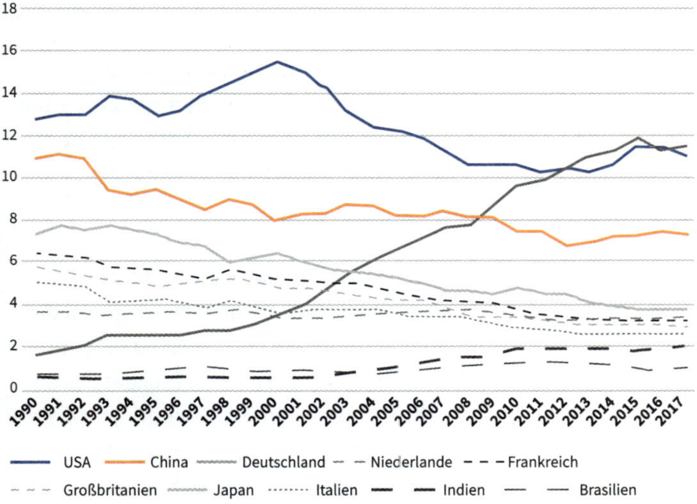

Quelle: WTO, eigene Berechnungen

---

an diesem Tag sehr diskret geboren wurde. Ohne Festakt, ohne Feuerwerk, ohne Pomp und große Reden.

Heute ist er der größte Wirtschaftsraum der Welt und das Herz der EU. Er macht uns wohlhabender und unseren Alltag einfacher. Und ist schon wieder so selbstverständlich, dass wir uns kaum vorstellen können, dass Menschen, Waren, Geld und Dienstleistungen einst nicht frei durch Europa zirkulieren konnten.

Es begann, wie oft, mit einer Krise. Ab 1979 boykottierte Großbritannien die Beschlüsse des Europarats, Maggie Thatcher setzte den „Britenrabatt" durch, und die Agrarpolitik mit ihren Butterbergen und Milchseen war auch ein Desaster. Das Wort

„Eurosklerose" machte die Runde. Es meinte das langsame Zerbröseln der europäischen Idee. Kein Mensch hätte damals auf die EU gewettet.

Da kam Jacques Delors. Er handelte den Kompromiss mit den Briten aus, wurde Präsident der Europäischen Kommission – und präsentierte gleich bei seiner Antrittsrede im Europaparlament im Januar 1985 eine Liste von 308 Initiativen. Das Ziel: ein europäischer Binnenmarkt.

In den Jahrzehnten zuvor hatte man geglaubt, man könne ausländischen Lebensmitteln nur vertrauen, wenn sie genau die gleichen Zutaten enthielten. So entstand zum Beispiel die Schokoladenrichtlinie, die vorschrieb: Mindestens 35 Prozent Kakao gehören rein, Zucker, Lecithin, auf keinen Fall Palmöl. Was wurde um diese Richtlinien gefeilscht. In zehn Jahren schafften die damals 12 EU-Länder mal gerade sieben solcher Richtlinien.

Die bahnbrechende Idee von Jacques Delors: Alles, was in einem EU-Land verkauft werden darf, darf in allen EU-Ländern verkauft werden. Andersherum genauso: Was in einem Land verboten ist, muss überall verboten werden. Schlagartig wurden tausende nationaler Vorschriften ausgehebelt. Vielen ging das viel zu schnell.

Und dann kam mal wieder alles ganz anders. Der Binnenmarkt wurde zum Motor der europäischen Einigung. Zweifelt noch irgendwer an seinem Nutzen?

Wie viele deutsche Arbeitsplätze am Binnenmarkt hängen, lässt sich nur schwer beziffern. Weil es kaum möglich ist, dessen Effekte von anderen Faktoren zu trennen. Der globalen Konjunktur zum Beispiel. Aber ganz grob lässt sich diese Rechnung aufstellen:

→ Rund 30 Prozent der deutschen Arbeitsplätze hängen direkt oder indirekt vom Export ab.

→ Knapp 60 Prozent der deutschen Exporte gehen in die EU.

→ Es gibt 45 Millionen Erwerbstätige in Deutschland.

Daraus ergibt sich: Mehr als 8 Millionen deutsche Arbeitsplätze hängen in irgendeiner Weise mit dem Binnenmarkt zusammen.

Und noch eine Zahl habe ich gefunden, in einer etwas älteren Studie der Bertelsmann-Stiftung: Dank des Binnenmarktes habe jeder Bundesbürger pro Jahr rund 450 Euro mehr in der Tasche. Macht in 25 Jahren 11.250 Euro.

Eric: Davon könnte man in Andalusien sicher ein Pferd kaufen.

9 ... weil Europa immer kleiner wird

Europa, das war ja einmal der Nabel der Welt. London war der Mittelpunkt eines Kolonialreiches, in Wien wurden Opern komponiert, in Paris Leinwände bemalt. Und was wurde nicht alles in der Gegend erfunden, die heute Deutschland heißt: der Buchdruck und die Mundharmonika, der Dynamo und das Auto, der Kunstdünger und die Zündkerze.

Demnächst werden wir ein wohlhabender Kontinent sein, dessen Bevölkerung schrumpft und immer älter wird. Weltkonzerne sitzen in Kalifornien oder Shanghai und hoffentlich bald auch in Nairobi und Jakarta. Es ist ja gut, dass der Rest der Welt aufholt.

Europas Anteil an der Weltbevölkerung geht zurück

1900		**25%**
1960		**11%**
2015		**6%**
2060		**4%**

Europas Anteil am weltweiten Bruttoinlandsprodukt geht zurück

	2004	2015	
Vereinigte Staaten	28%	24%	↘
EU-27	26%	22%	↘
Japan	11%	6%	↘
Vereinigtes Königreich	5%	4%	↘
China	5%	15%	↗
Kanada	2%	2%	→
Mexiko	2%	2%	→
Brasilien	<2%	2%	↗
Indien	<2%	3%	↗
Rest der Welt	18%	21%	↗

Quelle: Eurostat und Statistischer Dienst der UN

Europa wird bis 2030 die älteste Bevölkerung weltweit haben
Durchschnittsalter nach Regionen der Welt

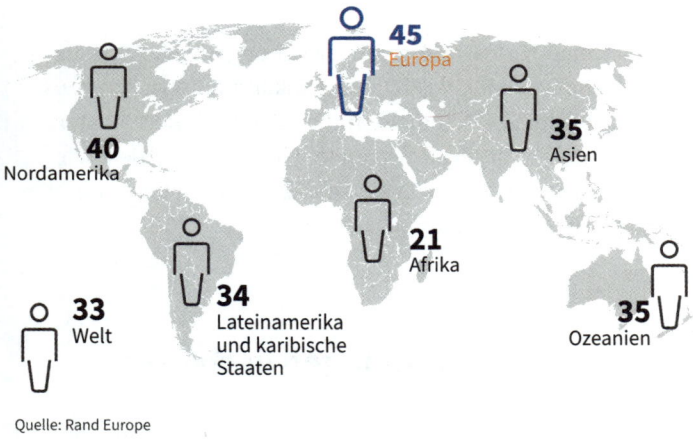

45 Europa

40 Nordamerika

35 Asien

21 Afrika

33 Welt

34 Lateinamerika und karibische Staaten

35 Ozeanien

Quelle: Rand Europe

Es ist gut, dass niemand mehr Hunger leidet und bald alle ein Smartphone in der Tasche haben. Aber eines steht fest: Europa wird dabei immer kleiner. Relativ gesehen.

Bitte schauen Sie sich dazu diese drei Grafiken an.

Auf der ersten sehen Sie, wie vergleichsweise wenige wir heute sind. Um das Jahr 1900 stellte Europa rund ein Viertel der Weltbevölkerung. 2060 werden es noch 4 Prozent sein.

Auf dem zweiten Schaubild sehen Sie, wie rasch – binnen eines Jahrzehnts – sich die wirtschaftlichen Verhältnisse geändert haben. Sicher: Europas Wirtschaft wird noch lange eine führende Rolle spielen. Aber China holt mächtig auf, Indien und Brasilien wachsen dynamisch, genau wie viele andere Länder. Dort zeigen die Pfeile steil nach oben. Während es in Europa, vergleichsweise, bergab geht.

Und noch eine dritte Grafik möchte ich Ihnen zeigen. Auch die habe ich entdeckt im „Weißbuch zur Zukunft Europas", herausgegeben von der EU-Kommission. Sie zeigt, nach Kontinenten geordnet, wie alt die Menschen im Jahr 2030 sein werden. Wir Europäerinnen und Europäer sind die ältesten. Ich finde: Da ist es gut, wenn wir weiter zusammenstehen.

10 … weil sie Werbelügen verbietet

Erinnern Sie sich noch? An die „Extra-Portion Milch", die angeblich in Kinderschokolade steckt? Oder an Senta Berger, die in einem Werbespot schwärmte, dass ein Danone-Joghurt namens Activia das „Darmwohlbefinden verbessert" und die „Verdauung in Schwung bringt"?

Zum Glück liest und sieht man solchen Unsinn heute seltener. Auch, weil die EU-Kommission im Jahr 2012 irreführende Aussagen bei Lebensmitteln verboten hat. Rund 1600 Werbeslogans wurden damals eingemottet. Denn weder verhindert Eisen Haarausfall noch stärkt dunkle Schokolade das Herz.

Wer seit 2012 in Europa behaupten will, dass etwas „gut fürs Immunsystem" ist oder „die Abwehrkräfte stärkt", muss einen wissenschaftlichen Beweis erbringen. 220 solcher Aussagen sind weiter erlaubt. Das klingt dann allerdings deutlich nüchterner als früher. Zwei Beispiele:

Zuckerfreies Kaugummi darf weiter den Hinweis tragen, es unterstütze die Zahnmineralisierung – erwähnt werden muss aber auch, dass sich die positive Wirkung erst bei „mindestens 20-minütigem Kauen nach dem Essen oder Trinken einstellt".

Enthält ein Lebensmittel Pektin, ein pflanzliches Geliermittel, darf auf der Verpackung stehen, dass es zur „Aufrechterhaltung eines normalen Cholesterinspiegels beiträgt" – erwähnt werden muss aber auch, dass man mindestens sechs Gramm davon essen muss.

Schade, dass die EU später auf halbem Weg stehengeblieben ist. Eigentlich sollten schon damals Nährwertprofile entwickelt werden, Obergrenzen für Fett, Salz und Zucker, ab denen ein Produkt nicht mehr als „gesund" vermarktet werden darf. Doch das wurde nie beschlossen. Verbraucherschützer mutmaßen: auf Druck der Lebensmittelindustrie hin. So können die Konzerne bis heute Junkfood mit Vitaminen und Mineralien anreichern und ihm so einen gesunden Anstrich verpassen.

Aktuelles Beispiel, gefunden auf der Website vom Goldenen Windbeutel, mit dem Foodwatch jedes Jahr die dreistesten Lebensmittellügen auszeichnet: der Corny Milch Riegel. Mit seinem „Plus an Calcium" und seinem „wertvollen Getreide" kommt er daher wie eine gesunde Zwischenmahlzeit. Tatsächlich enthält er mehr Zucker und Fett als eine Schoko-Sahne-Torte.

Aber immerhin aktiviert Actimel nicht mehr die Abwehrkräfte. 2012 wurde der Werbeslogan für den pappsüßen Joghurt geändert in „Starker Start in den Tag". Und aus der „Extra-Portion Milch" in der Kinderschokolade wurde „Die schönste Zeit unseres Lebens".

Exkurs: Wahr oder falsch?

Und nun was Lustiges. Regelmäßig geistern sie durch die Boulevardpresse: Meldungen, nach denen die Brüsseler Amtsschimmel-Jockeys wieder eine unsinnige Vorschrift erlassen haben, um dem Handwerker, der Bademeisterin oder dem Biergartenbesitzer das Leben schwerzumachen. Schaut man dann genau hin, ist es allerdings ganz anders. Entweder ist die Vorschrift sinnvoll – oder die Meldung ein Fake.

Behauptung: Wenn es nach der EU-Kommission geht, brauchen Almkühe bald Windeln.

Nö. 2014 hat der Bayerische Bauernverband gegen die Verschärfung der Düngeverordnung protestiert – mit der Aktion „Windeln für Almkühe". Das muss sich im Netz verselbstständigt haben.

Behauptung: Eltern müssen die Zutatenlisten vorlegen, wenn sie einen Kuchen für die Kita backen.

Falsch. Die EU-Lebensmittelinformationsverordnung von 2014 schrieb vor, Zutaten besser zu deklarieren. Kuchenbasare und Kita-Weihnachtsfeiern sind ausdrücklich ausgenommen.

Behauptung: Die EU reguliert jetzt auch Topflappen.

Stimmt – damit sich weder Profiköche noch Hobbybäcker die Pfoten verbrennen. Weiter erlaubt: Omas Selbstgehäkelte.

Behauptung: Brüssel entscheidet hinter verschlossenen Türen.

Falsch. Erstens wird die EU nur dann aktiv, wenn alle Mitglied-staaten es wollen und es effizienter ist, Vorschriften EU-weit zu erlassen. Das nennt sich „Subsidiarität". Zweitens muss jedes Gesetz auch vom Ministerrat beschlossen werden, in dem die Minister aller 28 Staaten sitzen. Drittens müssen die Abgeordne-ten in den Parlamenten der einzelnen Länder ihren Segen geben. Stimmt ein Drittel der nationalen Parlamente mit „Nein", dreht das Gesetz eine neue Runde in Brüssel. Und: Die EU ist wesentlich transparenter als die Regierungen der Mitgliedstaaten, Dänemark einmal ausgenommen. Nahezu das gesamte Gesetzgebungs-verfahren des EU-Parlamentes wird im Netz veröffentlicht. In Deutschland fast undenkbar.

Behauptung: Mecklenburg-Vorpommern muss ein Seil-bahngesetz erlassen.

Stimmt. Weil alle Mitgliedstaaten die europäische Seil-bahn-Richtlinie umsetzen müssen. Und weil diese Umsetzung in Deutschland Ländersache ist.

Behauptung: Die EU finanziert Elton-John-Konzerte.

Falsch. Richtig ist: Die italienische Region Kampanien zweckent-fremdete 720.000 Euro Fördermittel für ein Konzert des Schnul-zenstars. Bei der nächsten Überweisung aus Brüssel wurde das Geld abgezogen.

Behauptung: Euro = Teuro.

Falsch. Die Inflation ist so niedrig wie selten zuvor, der Binnen-markt hat viele Preise purzeln lassen. Computer und Handys, Flüge und Telefongespräche sind heute billiger denn je.

Behauptung: Die Brüsseler Verwaltung verschlingt einen Großteil der EU-Ausgaben.

Falsch, es sind nur rund 6 Prozent des Haushalts. Für die EU arbeiten weniger Menschen als auf dem Flughafen Frankfurt.

Behauptung: Die EU sperrt Sprungtürme in Schwimmbädern.

Ein Fake, in die Welt gesetzt von einem hessischen Bürgermeister, der öffentlich erklärt hatte: Der hiesige Zehn-Meter-Sprungturm zeige nach Osten, nicht nach Norden und müsse darum wegen neuer europäischer Vorgaben gesperrt werden. Diese Märchen funktionieren, weil die EU oft als schwarzer Peter herangezogen wird, wenn unpopuläre Entscheidungen anstehen.

Behauptung: Deutschland ist der größte Nettozahler.

Korrekt. Wir sind ja auch das größte Land. Pro Einwohner gerechnet sind die Schweden die Zahlmeister der EU. Nicht zu vergessen: Deutschland ist Export-Europameister und profitiert mehr als alle anderen vom Binnenmarkt.

Behauptung: Die EU verbietet den Bierausschank aus Steinkrügen.

Im März 2017 berichtete rosenheim24.de: „Laut der EU muss jetzt jeder Steinkrug den Warnhinweis tragen: ‚Nicht für schäumende Getränke zu verwenden.'" Hintergrund ist eine alte EU-Richtlinie für Messgeräte, nach der sich Steinkrüge – in die man nicht hineinsehen kann – nicht dazu eignen, Bier abzumessen. 2015 wurde die Richtlinie in deutsches Recht überführt. Worauf es der

Bayerische Brauerbund war, der sich die Schnapsidee mit dem Aufdruck ausdachte.

Behauptung: Die EU schreibt Spielzeug für Schweine vor.

Tatsächlich hat die EU eine Richtlinie zum Tierwohl erlassen, die in Massenställen „Beschäftigungsmaterial" vorschreibt. Gemeint sind Stroh, Torf, Holz.

Behauptung: Friseurinnen dürfen keine Stöckelschuhe mehr tragen.

Falsch. Und der Vorstoß kam nicht aus Brüssel, sondern von zwei europäischen Friseurverbänden. Die EU-Kommission verfolgte die Regelung nicht weiter.

Behauptung: Die EU verbannt offene Olivenöl-Kännchen von Restauranttischen.

Die Initiative ging aus von Verbraucherschützern und sollte verhindern, dass Wirten ihren Gästen minderwertiges Öl unterjubeln. Wurde aber nie zur Vorschrift.

Behauptung: Sogar Traktorsitze und die Gurkenkrümmung reguliert die EU.

Die Klassiker. Auch hier plädierte einst die Industrie für einheitliche Regeln. Allerdings hat sich die EU zum Bürokratieabbau verpflichtet. Beide Normen wurden wieder abgeschafft.

Behauptung: Die EU ist ein Flüchtlingsparadies.

Falsch: Rund 69 Millionen Menschen sind weltweit auf der Flucht, die meisten von ihnen fliehen in ein Nachbarland. In die EU kommen die wenigsten.

Behauptung: Die EU will Pommes und knuspriges Brot verbieten.

Falsch. Und auch nicht Pumpernickel und Schwarzbrot. Richtig ist, dass die EU Verbraucher vor potenziell krebserzeugendem Acrylamid schützen will. Weshalb etwa verbranntes Brot künftig nicht mehr verkauft werden darf.

Behauptung: Die EU bringt Waschbären um.

Auch falsch. Sehr wohl gibt es aber eine Verordnung über „invasive gebietsfremde Arten", die sich nicht weiter ausbreiten sollen – aber nicht getötet werden müssen. Naturschützer hatten für eine deutlich längere Liste mit unerwünschten Einwanderern plädiert. Im Augenblick stehen neben dem Waschbär darauf: Asiatische Hornisse, Nilgans, Marderhund, Bisamratte, Pallashörnchen, Glanzkrähe, Chinesische Wollhandkrabbe, Kleiner Mungo, Nordamerikanischer Ochsenfrosch, Chinesischer Muntjak, Nutria, Südamerikanischer Nasenbär, Kamberkrebs, Viril-Flusskrebs, Schwarzkopfruderente, Signalkrebs, Amur-Schläfergrundel, Roter Amerikanischer Sumpfkrebs, Marmorkrebs, Blaubandbärbling, Grauhörnchen, Fuchshörnchen, Burunduk, Heiliger Ibis, Nordamerikanische Buchstaben-Schmuckschildkröte.

11 ... weil der stabile Euro untere Einkommen schützt

Eigentlich wollte ich mit Oliviero Angeli darüber reden, wie Flüchtlingskrise und Populismus zusammenhängen. Aber dann sind wir abgeschweift und am Ende beim Euro gelandet. Und so ist dieses ein Kapitel mit drei mal drei Argumenten geworden.

Oliviero Angeli koordiniert an der Technischen Universität Dresden das Mercator Forum für Migration und Demokratie (MIDEM). Rund zwei Dutzend junge Forscherinnen und Forscher gehen dort der Frage nach, wie sich demokratische Gesellschaften in Europa durch Zuwanderung verändern.

Es gibt zig Aufsätze von den MIDEM-Leuten. Was wären die wichtigsten Ergebnisse? Angeli zählt drei auf:

Erstens: Nein, die Flüchtlingskrise war nicht die Ursache für den Wahlerfolg der Populisten. Sondern eher der Auslöser. Die Gründe, sagt Angeli, liegen tiefer. Zukunfts- und Abstiegsängste spielen eine Rolle, aber auch reale und gefühlte Benachteiligung. Und es gibt eine starke Abneigung gegen Zuwanderung in Osteuropa. Das hat kulturelle Gründe und erklärt sich aus der Unfreiheit bis 1989: Flüchtlingsquoten weckten ungute Erinnerungen an Einmischung von außen.

Zweitens: Man könnte denken, dass die Flüchtlingskrise die Einstellungen der Europäer gegenüber Zuwanderern verschlechtert hat. Doch das stimmt so nicht, sagt Angeli. Zum Teil ist es sogar umgekehrt: Die Einstellungen gegenüber Migration haben sich in Westeuropa sogar leicht verbessert.

Inflationsraten: Deutschland, Italien

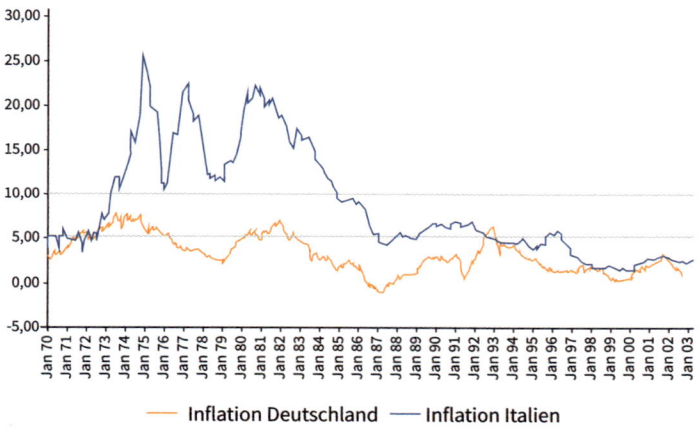

Inflation Deutschland — Inflation Italien

Drittens: Was sich allerdings geändert habe, ist die Bedeutung des Themas Migration. Dessen „Salienz". Gefragt, was ihnen aktuell am meisten Sorgen bereitet, antworten derzeit viele Europäerinnen und Europäer: Migration. Früher waren das Themen wie Arbeitslosigkeit, Renten, die wirtschaftliche Lage. Heute seien es „postmaterielle" Themen.

Und dann schweifen wir ab und landen bei Italien, wo Angeli aufgewachsen ist. Einst waren die Menschen dort besonders europabegeistert, heute ist die Zustimmung zur EU in Italien auf einem Tiefpunkt. Was ist schiefgelaufen? „Vor allem drei Dinge", sagt er. Und zählt auf:

Erstens: die Sparpolitik vor und nach der Griechenlandkrise. Sie zwang die Länder im Süden, ihre Haushalte zu sanieren. Doch das widerspricht der italienischen Tradition, wo der Staat das

Wachstum mit einer expansiven Ausgabenpolitik ankurbeln möchte, auch wenn das mehr Schulden bedeutet. Das war genau das Gegenteil von dem, was die nordeuropäischen Länder wollten, die sich um ihre stabile Währung sorgten. Es knallte. Und nun werfen viele Italiener der EU vor, schuld an der wirtschaftlichen Misere zu sein.

Zweitens: der harte Euro. Lief es früher nicht mit der italienischen Wirtschaft, wurde die Lira abgewertet – was die Exportwirtschaft befeuerte und die Konjunktur belebte. Doch das ging nun nicht mehr. Die italienischen Exporte litten, die Wirtschaft stotterte. Viele Italiener wünschen sich daher die Lira zurück.

Drittens: die Flüchtlingspolitik. Hunderttausende kamen über das Mittelmeer nach Italien. Politiker jeglicher Couleur fordern seit langem eine faire Aufteilung der Flüchtlinge innerhalb Europas. Doch seit Jahren kommt die EU an dem Punkt nicht voran. Viele Italiener fühlten sich ein drittes Mal vom Rest Europas alleingelassen. So schlug die Stimmung um – zugunsten der Rechtspopulisten wie Salvini.

Dazu einige Zahlen aus dem Eurobarometer, einer Umfrage, die jedes halbe Jahr von der EU-Kommission in Auftrag gegeben wird. In Deutschland unterstützen circa 80 Prozent der Menschen eine Mitgliedschaft in der EU, in Italien sind es halb so viele, rund 42 Prozent. In Italien – wie auch Tschechien – würden die Menschen aktuell sogar für einen EU-Austritt stimmen.

Was jetzt? Ist alles verloren? Wie würden Sie, Herr Angeli, einem rechtspopulistisch wählenden Onkel in Florenz die Vorteile der EU erklären? In drei Punkten, sagt er. Und zählt auf:

„Ich würde **erstens** beginnen mit den allgemeinen Vorteilen", sagt Oliviero Angeli. „Dass jeder junge Italiener heute nach Berlin oder Paris ziehen und dort arbeiten kann, ist eine wichtige Errungenschaft. Sie stärkt europäische Identität und bringt uns alle näher zusammen." Leider sei das so selbstverständlich geworden, dass man es kaum noch bemerke.

Zweitens würde er daran erinnern, wie sehr Italien von der EU profitiere. Flüchtlinge? Eine Wirtschaftskrise? Wie solle das Land diese riesigen Aufgaben ganz ohne die EU bewältigen? So sehr Italiener die EU kritisieren mögen, so sehr müssen sie auch anerkennen, dass Italien die EU braucht.

Und dann würde er **drittens** die Vorteile des Euro aufzählen. Und an die hohe Inflation früherer Jahre in Italien erinnern. Denn die Abwertung der Lira, um Exporte anzukurbeln, die Schulden, um die Wirtschaft anzukurbeln – seien am Ende stets mit einer hohen Inflation bezahlt worden. Die in manchen Zeiten bei über 25 Prozent gelegen habe.

„Und Inflation ist unsozial", sagt Angeli, „sie schadet den Schwächeren, den Menschen mit kleinen Einkommen. Sie leiden darunter, wenn Grundnahrungsmittel teurer werden."

„Die Erinnerung verklärt vieles", schließt Angeli. „Vielleicht waren die guten alten Lira-Zeiten doch nicht so gut."

Womit er auch sagen will: Die EU müsse dringend etwas tun. Es muss sich etwas ändern. Damit auch die Italiener wieder dazu gehören wollen. Und auch sie den Eindruck haben, von Europa zu profitieren.

12 ... weil sie unsere Daten schützt

Robert, ein guter Freund von mir, ist ganz versessen auf das Thema Datenschutz. Halbstundenlang kann er sich aufregen über die „Datenschutzgrundverordnung", die DSGVO. Sie gilt seit einem Jahr. Ich gestehe: An mir ist die Debatte damals vorbeigerauscht. Ich gehöre zu jenen naiven Menschen, die im Internet immer alles Kleingedruckte wegklicken und hoffen, es werde schon gut gehen. Und danach ein schlechtes Gewissen haben.

Auf den ersten Blick klingt das neue Datenschutzgesetz vernünftig:

→ Wer persönliche Daten verarbeitet, ist nun gezwungen, sich im Voraus dafür zu rechtfertigen. Die Verordnung nennt eine Reihe von Rechtsgrundlagen, auf die man sich berufen kann, jede andere Datensammlung ist verboten.

→ Jede und jeder kann von Unternehmen Auskunft über die eigenen Daten verlangen, die Kunden eines deutschen Versicherungskonzerns genauso wie die Anwender einer angeblich kostenlosen App, die ein Start-up aus Brooklyn betreibt, um damit Nutzerdaten abzugreifen.

→ Gibt es ein Datenleck, müssen Unternehmen das sofort mitteilen. Und waren sie fahrlässig, können sie saftig bestraft werden.

Alles schön und gut, hat mir mein Freund Robert erklärt. Doch das Gesetz sei ein zu scharfes Schwert. Es sei gemacht, um große Plattformen wie Amazon oder Facebook zu kontrollieren, und überfordere Kleinunternehmer, Freiberufler, Vereine, Fotografen.

Neue Datenschutzregeln

Die Datenschutz-Grundverordnung (DSGVO) der EU gilt seit dem 25. Mai 2018 in allen Mitgliedsstaaten.

Die wichtigsten Änderungen

 Vereinheitlichung der Datenschutzrechte innerhalb der EU

 strengere Regulierungen für Unternehmen

 höhere Strafen bei Verstößen

 Unternehmen müssen dem Nutzer die Verarbeitung der Daten und Dauer der Speicherung mitteilen

Verbesserung für Verbraucher

 leichterer Zugang zu eigenen Daten

 Unternehmen brauchen eine Rechtsgrundlage, um Personenbezogene Daten zu erheben

 Verbraucher dürfen die Einwilligung zur Datenverarbeitung jederzeit widerrufen

 Unternehmen müssen Verbraucher bei Datenschutzverletzungen informieren

Böswillige könnten denen nun mit Löschanträgen das Leben schwermachen und sie wegen kleiner Verstöße in die Mangel nehmen. Datenschutz, so Robert, werde zu einem Supergrundrecht, unter dem am Ende die Kommunikationsfreiheit leide.

Viele Datenschützer hingegen sind zufrieden. Sie sagen: Das neue Gesetz sei eine nützliche Aufräumaktion und ein überfälliges Großreinemachen. In Unternehmen wie Behörden wurden regelrechte Datenhalden entdeckt – kaum genutzt, schlecht gesichert. Das Gesetz habe die Seite der Konsumenten gestärkt, die befürchtete Abmahnwelle sei nicht eingetreten.

Erst mal aber war die Aufregung groß, und sie wurde angeheizt durch Berater und Kanzleien, die Panik machten, um teuer ihre Dienste zu verkaufen: „Ihnen drohen 20 Millionen Euro Bußgeld – buchen Sie uns jetzt!"

Und wie so oft, wenn es gegen Brüssel geht, stimmten die Bou-
levardmedien ein in den Chor. „Deutschland droht ein Klin-
gelschild-Chaos", tönte im Oktober 2018 die „Bild"-Zeitung.
Vorausgegangen war eine Posse in Wien, wo die kommunale
Hausverwaltung nach der Beschwerde eines Mieters 220.000 Na-
mensschilder an Türklingeln entfernen wollte. Das war vorausei-
lender Gehorsam der Verwalter. Die zuständige Behörde beschied
später: Klingelschilder sind kein Fall für die DSGVO. Ähnlich
urteilten die meisten Datenschützer in Deutschland. Und die Apo-
thekerin darf ihre Kundinnen auch weiter mit Namen ansprechen.

Gut möglich, dass die DSGVO einige Schwächen hat und in einigen
Jahren nachgebessert wird. So wie im Übrigen bei den Richtlinien
der EU üblich, siehe Kapitel 17. Aber schon jetzt ist klar: Das neue
Gesetz hat viele Vorteile. Fotografen müssen nun vorsichtiger
sein, wenn sie Menschen ablichten, was vielleicht keine schlechte
Idee ist. Und ein Zirkus berichtete, das Handyverbot während der
Show habe die Eltern angenehm entspannt: Sie schauten jetzt viel
genussvoller zu.

13 ... weil sie den Zusammenhalt fördert

Hier kommt eine wichtige Erkenntnis: Trotz aller Krisen, trotz all
dem Lärm, den populistische Parteien in Europa gerade veran-
stalten, ist der Zusammenhalt in der EU in den vergangenen zehn
Jahren insgesamt leicht gestiegen.

„Das ist in der Tat erstaunlich, denn es widerspricht dem allgemeinen Bauchgefühl", sagt Almut Möller, eine der Chefinnen
der Denkfabrik ECFR. Zusammen mit ihren Kollegen gibt sie

einen „Cohesion Monitor" heraus, der in einem aufwendigen Verfahren misst, wie sich die Einstellung zur EU verändert. Sowohl individuell, die Stimmung und Erfahrungen der Menschen betreffend, als auch strukturell, bei den Beziehungen der Staaten untereinander.

Die gute Nachricht: Insgesamt steige der Zusammenhalt seit 2007 an, „er ist robust und sogar leicht gestärkt". Gerade in Irland und Portugal, zwei Leidtragenden der Schuldenkrise, hätten sich die Werte erholt.

Die schlechte Nachricht: In neun Ländern schrumpft der Zusammenhalt. Bei einigen ahnt man schon, welche es sind: Ungarn und Polen, Italien und Griechenland. Überraschenderweise gehören auch Frankreich und Dänemark dazu. Auch dort zeigt die Landkarte des „Cohesion Monitor" einen roten Kreis. Heißt: Hier schwinden die Bindungskräfte.

„Und das ist ein schlechtes Zeichen", sagt Almut Möller. „Wenn Einzelne ausscheren, dann verlieren alle an Zusammenhalt." Insgesamt habe die EU zuletzt kein gutes Bild abgegeben, viele trauten ihr nicht mehr zu, dass sie die großen Probleme anpacke.

Wobei sie sich bisweilen schon frage, woran das liege. In Ungarn etwa. Einem Land, das finanziell so klar von der EU-Mitgliedschaft profitiert – und zu den Schlusslichtern in ihrem Monitor gehört. „Wie kann es sein, dass dieses Land sich so stark abwendet?", fragt Almut Möller. „Wie kann sich eine Regierung so sehr an den Vorzügen der EU bedienen und zugleich die Grundwerte der EU so offen verletzen?" Gut, dass das Europaparlament nun endlich klar gemacht habe, es sei „Schicht im Schacht" – und ein Verfahren gegen Ungarn eingeleitet hat.

Bindung an die EU, Veränderung 2007 bis 2017

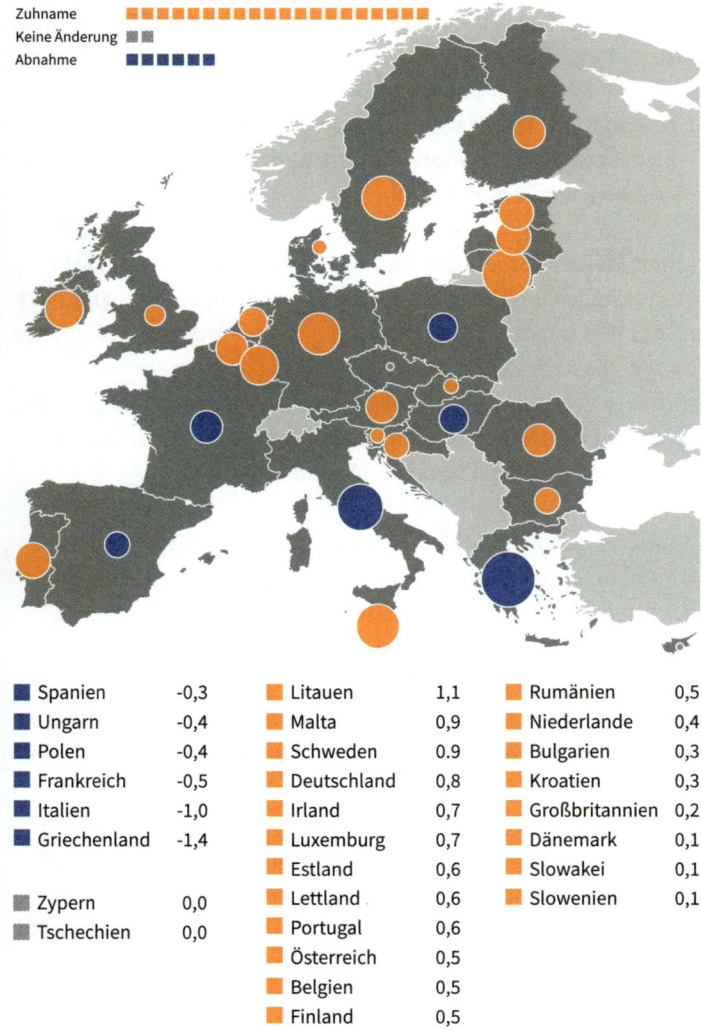

■ Spanien	-0,3	■ Litauen	1,1	■ Rumänien	0,5
■ Ungarn	-0,4	■ Malta	0,9	■ Niederlande	0,4
■ Polen	-0,4	■ Schweden	0.9	■ Bulgarien	0,3
■ Frankreich	-0,5	■ Deutschland	0,8	■ Kroatien	0,3
■ Italien	-1,0	■ Irland	0,7	■ Großbritannien	0,2
■ Griechenland	-1,4	■ Luxemburg	0,7	■ Dänemark	0,1
		■ Estland	0,6	■ Slowakei	0,1
■ Zypern	0,0	■ Lettland	0,6	■ Slowenien	0,1
■ Tschechien	0,0	■ Portugal	0,6		
		■ Österreich	0,5		
		■ Belgien	0,5		
		■ Finland	0,5		

Quelle: ECFR / Stiftung Mercator: EU Cohesion Monitor. Individual Cohesion 2007 - 2017 / Trend

Andererseits, sagt Frau Möller, ist der Streit um die EU auch ein Zeichen von Reife. Früher war Europa eine Sache für Politiker und Beamtinnen. Staatschefs fuhren in Brüssel vor, beschlossen etwas und am nächsten Tag standen die Ergebnisse in den Zeitungen. Heute aber „ist eine wachsende Politisierung im System". Heute wird debattiert, infrage gestellt, kritisiert. Die EU ist im Alltag der Menschen angekommen.

Almut Möllers Sorge: Dass das System durch die Krawallmacher grundsätzlich infrage gestellt wird. „Dass es im Europaparlament nicht mehr um den Wettbewerb der besten Ideen geht – sondern darum, die Entscheidungen des Parlaments zu blockieren." Darum sei es so wichtig, zur Europawahl zu gehen. Unbedingt. Weil so viel auf dem Spiel steht. Weil die populistischen Parteien im Europaparlament viel Schaden anrichten könnten.

Wie der Zusammenhalt in Europa langfristig gestärkt werden könne? Auch da hat Almut Möller einen Vorschlag, entstanden aus ihrer Arbeit: Es ändere sich offenbar nur wenig, wenn die EU „Geld auf ein Land wirft". Aber: Wer Europa nicht nur aus dem Zug- oder Hotelfenster, sondern aus den Betrieben, den Unis, den Wohnungen kennt, wer einmal in einem anderen EU-Land gelebt, studiert, gearbeitet habe, der ändere dauerhaft seine Einstellung.

Daraus folgt: Gern weiter Eisenbahntrassen, Klärwerke und Universitäten aus EU-Mitteln finanzieren. Aber zugleich mehr Geld ausgeben für Schüleraustausch, Erasmus+ und den neuen europäischen Freiwilligendienst. Mit anderen Worten: Etwas weniger in Schnellstraßen investieren, dafür mehr in Menschen.

14 ... weil wir einander ähnlich sind

Waren Sie schon einmal in einem extrem ungleichen Land? In dem fast alle arm sind, einige wenige aber sehr reich? Ich habe es gesehen in den Reichenvierteln von Nairobi, von Rio de Janeiro und von Manila: Manche Villen sind dort von meterhohen, stacheldrahtbewehrten Mauern umgeben, gekrönt von Aussichtstürmen, in denen Männer mit Schnellfeuergewehren hocken. Während einige Kilometer weiter Straßenkinder im Dreck hocken.

Armut ist schlimm. Und mindestens ebenso schlimm ist Ungleichheit. Sie zersetzt Gesellschaften. Viele Studien belegen das, allen voran das bahnbrechende Werk „The Spirit Level" aus dem Jahr 2009. Es zeigt: In ungleichen Gesellschaften sind Menschen unglücklicher, häufiger kriminell, häufiger krank, lassen sich häufiger scheiden und so weiter ... als in gleicheren Gesellschaften.

Wir in der EU haben mal wieder Glück: Unsere Länder gehören zu den gleichsten der Welt. Gefühlt nimmt bei uns die Ungleichheit zu, statistisch belegen lässt sich das nicht. Der Gini-Koeffizient, der die Einkommensverteilung und damit die Gleichheit von Gesellschaften misst, ist für die EU seit 2009 konstant. Auch wenn zugleich der Abstand zwischen den höchsten und niedrigsten Einkommen wächst.

Und es gibt weiter gewaltige Unterschiede innerhalb der EU: In Luxemburg und Dänemark verdienen die Menschen im Schnitt rund 10-mal so viel wie in Rumänien und Bulgarien.

Aber global gesehen leben wir in gleichen Gesellschaften. Kein Wunder, dass Europa zugleich der friedlichste der fünf Kontinente ist. Das belegt der Global Peace Index, jedes Jahr errechnet aus

Die Länder der Welt nach Gleichheit

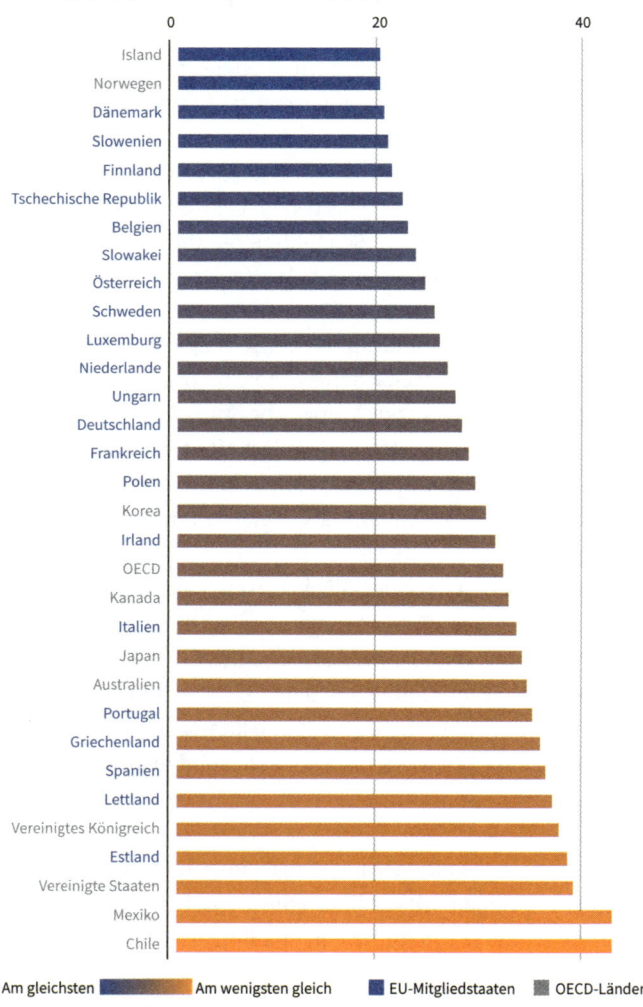

Hinweis:
Dieses Schaubild zeigt die Verteilung des Einkommens von Individuen anhand des Gini-Koeffizienten, wobei 0 vollkommene Gleichheit bedeutet. OECD, jüngste Daten.

23 Einzelwerten. Die Kriminalitätsrate spielt eine Rolle, eine gut funktionierende Regierung, Pressefreiheit, wenig Korruption und viel Verlässlichkeit für Geschäftsleute.

Die beiden unfriedlichsten Länder sind – wen wundert es – Syrien und Afghanistan. Auf Platz 1: Island, das keine eigene Armee besitzt. Unter den Top 20: 10 EU-Staaten. Hier die Liste:

1. Island
2. Neuseeland
3. Österreich
4. Portugal
5. Dänemark
6. Kanada
7. Tschechien
8. Singapur
9. Japan
10. Irland
11. Slowenien
12. Schweiz
13. Australien
14. Schweden
15. Finnland
16. Norwegen
17. Deutschland
18. Ungarn
19. Bhutan
20. Mauritius

Eines der wichtigen politischen Ziele der EU lautet „Kohäsion" und meint den Zusammenhalt der Europäischen Union. Sie gibt viel von ihrem wenigen Geld aus, um ärmere Regionen zu unterstützen, die Ränder zu fördern, die Lebensverhältnisse anzugleichen. Es ist der richtige Weg. Denn Gleichheit stärkt Gesellschaften.

15 … weil sie den Kampf gegen den Terror führt

Ich war am Abend des 19. Dezember 2016 bei einer Freundin, die im Berliner Regierungsviertel wohnt. Fassungslos saßen wir vor dem Fernseher, und als ich irgendwann nach Hause fuhr, waren die Büros im Innenministerium hell erleuchtet. Einige Kilometer weiter war ein Islamist, dessen Namen niemand nennen sollte, mit einem Lastwagen in einen Berliner Weihnachtsmarkt gerast und hatte 12 Menschen getötet.

Und das war nur ein Anschlag unter vielen. Brüssel, Paris, Nizza: Seit 2015 gab es in der EU etwa 40 schwere islamistische Anschläge, mehr als 350 Menschen starben. Noch Ende 2017 warnte das renommierte Institut Jane's in London, die Terrorgefahr werde wegen der IS-Heimkehrer zunehmen. Zeitungen spekulierten, es könne Drohnen-Attacken geben. Aber so kam es nicht. 10 Menschen starben 2018 in der EU durch Terrorangriffe.

Das Center for the Analysis of Terrorism in Paris hat ermittelt, dass es unterdessen gleich viele Attentatsversuche gibt. Aber die europäischen Behörden sind nun besser gerüstet. Sie haben mehr Geld, dürfen mehr Technik einsetzen und haben sich besser vernetzt.

Der Niederländer Wouter van Ballegooij hat für den Think-Tank

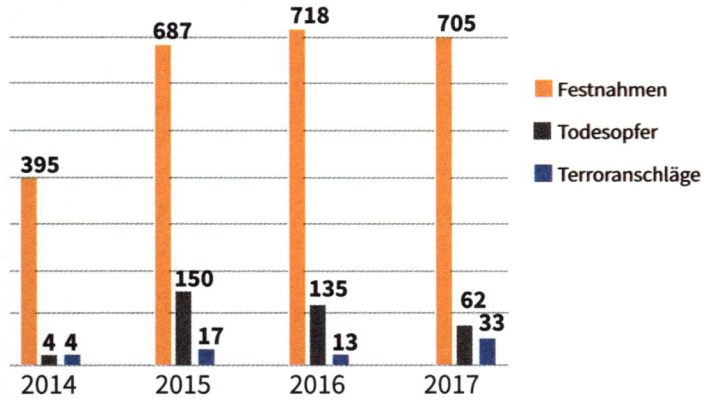

Religiös motivierter / dschihadistischer Terrorismus in der EU

- Festnahmen
- Todesopfer
- Terroranschläge

*durchgeführte, vereitelte und gescheiterte Angriffe

Quelle: Europol

---

des Europäischen Parlaments ausgerechnet, dass Brüssel pro Jahr bald 2,5 Milliarden Euro für innere Sicherheit ausgeben wird. Gesetze wurden verschärft. Es ist heute leichter, Verdächtige abzuhören, zu beschatten, ihnen in sozialen Netzwerken zu folgen.

Vor allem aber arbeiten die Sicherheitskräfte heute besser zusammen. Die EU habe, so Wouter van Ballegooij, „für eine bessere Kooperation zwischen Polizei und Nachrichtendiensten enorm große Anstrengungen" unternommen. Sie führte zentrale Register von Flugpassagierdaten ein und ein verbessertes Informationssystem für Ein- und Ausreisen von Nicht-EU-Bürgern für den Schengenraum.

In Köln verhafteten Ermittler ein Paar, das einen Anschlag mit dem Biokampfstoff Rizin geplant haben soll. In den Niederlanden wurden sieben Islamisten festgesetzt, die mit Bombenwesten und Sturmgewehren möglichst viele Gäste einer Großveranstaltung hatten töten wollen. In Großbritannien sitzen heute fast 500 Personen hinter Gittern, weil man sie terroristischer Aktivitäten beschuldigt. Die größten Anschläge mit islamistischen Hintergrund finden außerhalb der EU statt.

Im Kampf gegen den Terror liegt die EU vorne. Vorerst, Stand März 2019. Man weiß ja nie, was noch kommt.

Gastbeitrag: Die Republik muss europäisch werden!

von Ulrike Guérot

Wer sich mit der EU beschäftigt, wird auf Ulrike Guérot stoßen. Sie ist die Visionärin. Sie träumt laut von einem geeinten Europa, das die Nationalstaaten hinter sich gelassen hat. In dem die Schotten eine Rolle spielen, die Katalanen und die Sachsen, nicht aber Polen, Frankreich, Österreich. In dem alle Bürgerinnen und Bürger des Kontinents gemeinsam das Europaparlament wählen – den höchsten Souverän, der die Gesetze macht.

Ich habe Frau Guérot kontaktiert und sie gefragt, ob sie einen Beitrag für dieses Buch schreiben würde. Sie hat gleich zugesagt. Das freut mich riesig. So enthält dieses an vielen Stellen so handfeste Buch auch eine Prise Übermorgen.

Ulrike Guérot stammt aus Grevenbroich am Niederrhein, ist Professorin für Europapolitik und Demokratieforschung an der

Donau-Universität Krems und hat unter anderem veröffentlicht: „Der neue Bürgerkrieg. Das offene Europa und seine Feinde". Sie trägt den französischen Ordre national du Mérite, hat zwei Söhne und gehört der Yogabewegung Jivamukti an. Voilà:

Die EU ist in ihrem jetzigen Zustand nicht mehr zu halten, und die europäische Bevölkerung ahnt das. Die eine Hälfte will zurück in den Nationalismus; die andere Hälfte will mehr Europa, ein anderes Europa und will sich nicht mit einer verlorenen Wette zufriedengeben.

Die Probleme, mit denen die EU heute zu kämpfen hat, wurzeln in den Versäumnissen der Vergangenheit. Der ansteigende Populismus hat Gründe, die in den europäischen Strukturen und nicht bei den Bürgern liegen. Die blaue Fahne hat ihre Strahlkraft verloren. Sie steht für eine Technokratie, die dem politischen Anspruch an ein demokratisches und soziales Gemeinwesen nicht mehr gerecht wird.

Dieses Europa, diese EU, ist an ihr Ende gekommen, erschöpft und reformunfähig. Das spüren auch die Bürgerinnen und Bürger. Damit stellt sich tatsächlich die Frage, was wir in diesem Moment machen, in dem ein System sich erschöpft, es aber gleichzeitig keine Kraft hat, sich zu reformieren.

Gerade drängt der Begriff des „European citizenship" vehement in die zeitgenössische europäische Debatte. Im Zuge der Brexit-Verhandlungen wirbt der Ombudsmann des Europäischen Parlamentes, Guy Verhofstadt, für eine „personalisierte Unionsbürgerschaft" für diejenigen Briten, die das nach dem Austritt Großbritanniens aus der EU wünschen.

Dies wäre ein erster Schritt in eine Unionsbürgerschaft. Ein erster Schritt zu einem einheitlichen europäischen Rechtsraum für die Bürgerinnen und Bürger, ein erster Schritt auf dem Weg in die Demokratisierung Europas.

Damit einhergehen müsste ein allgemeines, gleiches und direktes Wahlrecht: „Eine Person, eine Stimme" ist der nächste wichtige Schritt, wenn es gilt, auf unserem Kontinent eine politische Einheit zu begründen, die die wirtschaftliche Einheit erst legitimiert. Erst dann kann das Europäische Parlament zum Sachwalter einer europäischen Demokratie werden, die ihren Namen verdient und deren Souverän die europäischen Bürgerinnen und Bürger sind.

Anders formuliert: Wir müssen das Erbe der Französischen Revolution europäisieren und die damals genommene Abbiegung in Richtung Nationalstaaten überwinden. Die Republik muss europäisch werden! Aus der Bundesrepublik Deutschland, der République Française, der Republik Österreich, der Repubblica Italiana oder der Rzeczpospolita Polska etc. wird eine Europäische Republik durch allgemeine und gleiche Wahlen, basierend auf dem Gleichheitsgrundsatz aller europäischen Bürger.

Aus der Wahlrechtsgleichheit ergibt sich der nächste Schritt der großen europäischen Reformation, nämlich jener, die europäische Staatsbürgerschaft materiell auszubuchstabieren. Wir haben 1992 den Euro auf die Zeitschiene gesetzt und in drei Schritten zwischen 1994 und 2002 die Währungsunion geschaffen. Innerhalb von zehn Jahren wurden von Lappland bis zur Südspitze der Algarve alle Geldautomaten mit Euros ausgestattet. Jeder europäische Bürger, jede europäische Bürgerin hat eine IBAN-Nummer bekommen.

Sollte es nicht möglich sein, in einem auf zehn, fünfzehn, fünf-undzwanzig Jahre angelegten Prozess dafür zu sorgen, dass wir von Tampere bis Thessaloniki Wahlrechtsgleichheit haben? Und dann eine europäische Steuernummer, eine europäische Sozial-versicherungsnummer und dann eine europäische ID bekommen? Und zuletzt gar eine europäische Arbeitslosenversicherung? Warum eigentlich nicht? Damit Europa wirklich beim Bürger ankommt und für diese sichtbar wird?

Europa braucht endlich ein klares Ziel, eine klare Richtung und eine klare Perspektive, eine konkrete Idee von sich selbst. Der eine europäische Markt und die eine europäische Währung müssen um eine europäische Demokratie ergänzt werden. Dies wäre die ent-scheidende Wegmarke, um das politische System der EU von einer „Staatenunion" in eine europäische Demokratie zu überführen, in der am Ende nur eines gelten kann: Die Bürgerinnen und Bürger sind die Souveräne des politischen Systems. Sie entscheiden. Es wäre die Reformation Europas!

Die heutige EU ist nicht stabil. Ohne einen entscheidenden Schritt nach vorn wird sie nicht zu erhalten sein. Also stellen wir uns doch eine Sekunde vor, wir wären die Zeitgenossenschaft, die es schafft, diesen entscheidenden Schritt zu gehen; diejenige, die den allgemeinen politischen Gleichheitsgrundsatz für alle europäischen Bürgerinnen und Bürger Europas auf die politische Schiene bringt. Die normative, also rechtliche Gleichheit in Eu-ropa muss wichtiger sein als Nationalität: Das ist die Aufgabe, die sich für das europäische Projekt im 21. Jahrhundert stellt.

16 ... weil sie Europas Flüsse schützt

R. Andreas Kraemer hat vor 25 Jahren das Ecologic Institut gegründet, eine Denkfabrik mit 100 Experten, die den Umweltschutz
voranbringen wollen. Kraemer ist Ingenieur. Sein Grundgedanke
damals: Es gibt moderne, sinnvolle Technik – aber ob sie einge-
setzt wird, ist eine politische Entscheidung. Also machte er es sich
zur Lebensaufgabe, Politiker zu beraten im Sinne einer nachhaltigen, ressourcenschonenden Wirtschaft.

Kraemer erzählt eine lustige Anekdote: Ehe der Euro kam, hatte
er 13 Portemonnaies in seinem Schreibtisch. Um bei seinen vielen
Reisen nicht ständig mit dem Kleingeld durcheinanderzukommen.
Heute reist er nicht mehr so viel. Und ist weiter heilfroh, dass ein
Portemonnaie reicht für Europa.

Mit R. Andreas Kraemer habe ich über viele Themen gespro-
chen. Er lobte die REACH-Chemikalienverordnung von 2006,
die sicherstellt, dass wir Verbraucher vor giftigen Substanzen
geschützt werden. Lobte die Vogelschutzrichtlinie, die Einheitliche Europäische Akte von 1986 und den Vertrag von Maastricht,
der seit 1992 festschreibt: Egal, um was es geht, um den Bau einer
Straße oder den Bau einer neuen Fabrik, die Belange der Umwelt
müssen immer berücksichtigt werden.

Natürlich könnte vieles in Brüssel besser laufen, sagt Kraemer.
Wie könne es sein, fragt er, dass die EU in einem fort einknicke
vor der Agrarlobby? In der schon lange nicht mehr die Bauern den
Ton angäben, sondern die Hersteller von Saatgut, Chemikalien
und Landmaschinen. „Da wird das Geld verdient, da werden die
Lobbyisten bezahlt. Die Bauern sind völlig unwichtig", sagt er.
Gewiss, Lobbyismus sei Teil der demokratischen Willensbildung.

Aber herrsche Waffengleichheit, wenn 200 Vertreterinnen und Vertreter von Umweltverbänden 20.000 der Industrie gegenüberstehen?

So habe die Agrarlobby erreicht, unter tätiger Mithilfe der CSU, dass die Zulassung von Glyphosat ein weiteres Mal verlängert wurde. Dass Neonikotinoide nicht streng genug verboten sind, jene Nervengifte in Insektiziden, die mitverantwortlich sind für das Bienensterben. Die Unternehmen berufen sich hingegen auf wissenschaftliche Erkenntnisse und die europäischen und deutschen Zulassungsbehörden, dass von Glyphosat keine Gefahr ausgehe.

So landen wir bei der Wasserrahmenrichtlinie, auch die ein europäischer Geniestreich – ja, die vielleicht ambitionierteste Umweltgesetzgebung in der Geschichte Europas. Danach sind alle Mitgliedstaaten der EU verpflichtet, bis 2015 und in Ausnahmefällen bis 2027 alle Gewässer in einen „guten ökologischen und guten chemischen Zustand zu bringen". Meint: Alle Flüsse sollen einmal so werden wie sie waren. Zurück zur Natur.

Staustufen wurden umgebaut, um Fischen das Wandern zu erleichtern, Flussbetten wiederhergestellt, Kläranlagen gebaut, trockengelegte Moore renaturiert, Rückhaltebecken, Kanäle, Polder gebaut, aquatische Ökosysteme wiederhergestellt. Vor allem aber wurden Flüsse nun als Ganzes betrachtet – als eine Einheit, von der Quelle bis zur Mündung. Alle Anrainer müssen sich seither an einen Tisch setzen und beraten, wie sie deren Ökosystem am besten schützen. „Davor war der Gewässerschutz ein Flickwerk, und jeder konnte seine Probleme auf den Nachbarn abwälzen", sagt Kraemer. „Nun begann ein völlig neues Denken, und das hat vielen Flüssen genützt."

Allein, Deutschland hinkt wieder einmal hinterher. Keines der 16 deutschen Bundesländer erfüllt derzeit die Anforderungen der

Wasserrichtlinie. Das Nitrat aus den Schweinemastfabriken und so vieles mehr verdrecken die Gewässer. Überhaupt gibt Deutschland ja gern den EU-Musterknaben. Und ist regelmäßig Spitzenreiter beim Brechen von europäischem Recht.

„Wissen Sie, was das Gute an der EU ist?", sagt Kraemer. „Dass man nicht hinter das zurückfallen kann, was einmal beschlossen worden ist." Jedes Land hat die Richtlinien zu erfüllen. Auch wenn es sich dafür noch so anstrengen muss.

17 ... weil sie ein lernendes System ist

Wo hat es so was je gegeben – dass sich eine Gemeinschaft in einem fort streitet und dabei in einem fort neu erfindet? Die Europäische Union begann damit, dass Deutsche und Franzosen ihre Kohle- und Stahlindustrie verzahnten. Aus der Wirtschaftsgemeinschaft wurde eine Wertegemeinschaft, die vielleicht einmal münden wird in die Vereinigten Staaten von Europa.

Dieser ständige Wandel, er ist die DNA der EU, jede Richtlinie wird regelmäßig überprüft, ob sie wirkt oder nicht und gegebenenfalls verbessert werden muss. Und das geht so:

1. Eine Richtlinie muss binnen einer festen Frist in nationales Recht umgesetzt werden.

2. Die Europäische Kommission und die Mitgliedstaaten richten einen Expertenausschuss ein. Der besteht aus Vertretern der

zuständigen Ministerien oder regionalen Verwaltungen und begleitet die Umsetzung der Richtlinie.

3. Die Expertinnen und Experten treffen sich regelmäßig und tauschen ihre Erfahrungen miteinander aus.

4. Nach einigen Jahren – der Termin ergibt sich aus der Richtlinie – schreiben die Mitgliedstaaten einen Erfahrungsbericht.

5. Die Kommission sammelt die Berichte, wertet sie aus, zieht Lehren aus den Stärken und Schwächen und macht dem Europäischen Parlament und dem Ministerrat Vorschläge zur Verbesserung der Richtlinie.

6. Es geht wieder von vorn los. Falls nötig, beginnt ein neues Gesetzgebungsverfahren. Der europäische Rechtsrahmen wird geändert, die nationale Gesetze werden geändert, Experten berichten, Ministerien bewerten. Und so weiter, ein endloser Kreislauf, nein – eine nach oben führende Spirale.

Das Verfahren ist nicht nur effizient, es ist auch durch und durch demokratisch. Die EU zeigt Demut, indem sie anerkennt, dass Richtlinien nicht auf Anhieb perfekt sind. Kaum ein Staat der Welt schreibt sich bisher in seine Gesetze, dass sie ein Verfallsdatum haben.

Auch die aktuelle EU-Kommission hat sich vorgenommen, vor allem die großen Fragen anzugehen und Bürokratie abzubauen. Das hat Tradition. Vor Jahren war der SPD-Politiker Günter Verheugen als EU-Kommissar für Bürokratieabbau zuständig. Unter anderem kippte er die Sonnenschein-Richtlinie. Sie sollte verbieten, dass Bauarbeiter bei Hitze oben ohne arbeiten und dass

Kellnerinnen Dirndl mit großzügigem Ausschnitt tragen dürfen. Blödsinn, entschied Verheugen. Weg damit.

Auf Verheugen folgte Edmund Stoiber. Sieben Jahre vereinfachte er – und sparte 33,4 Milliarden Euro an Bürokratiekosten ein. Vor allem durch die neue Regel, dass Finanzämter auch elektronische Belege akzeptieren dürfen.

Seit 2015 gibt es im Netz zudem die REFIT-Plattform für „einfacheres EU-Recht mit geringeren Kosten". Jede und jeder kann Vorschläge machen. Und berichtet die Kommission, wer jetzt wieviel spart. Aktuell ist dort zu lesen, die Fischereikontrollbehörden jetzt 157 Millionen Euro und die Sprengstoffhersteller 50 Millionen Euro pro Jahr sparen, weil Regeln einfacher wurden oder leichter zu überprüfen sind. Kleine und mittlere Unternehmen sparen nun jährlich 12 Milliarden Euro, weil sie ihre Umsatzsteuer unbürokratischer abführen können. Auch die „grenzüberschreitende Zustellung von Schriftstücken" geht jetzt schneller, die Einsparung: rund eine halbe Milliarde Euro pro Jahr.

18 ... weil sie Autokraten die Stirn bietet

Experten sagen: 2014 kehrte die Geopolitik zurück nach Europa. Und meinen: Seit 1945 hatte es kein Staat auf diesem Kontinent gewagt, die Grenzen eines anderen Staates zu verletzen. Nun aber annektierte Russland die Krim und zettelte im Osten der Ukraine einen verdeckten Krieg an.

Die EU vermittelte. Angela Merkel, Frankreichs damaliger Präsident Hollande, Putin und Poroschenko, der Präsident der Ukraine,

Europäische Union: Export von Gütern nach Russland von Dezember 2013 bis Dezember 2018 (in Milliarden Euro)

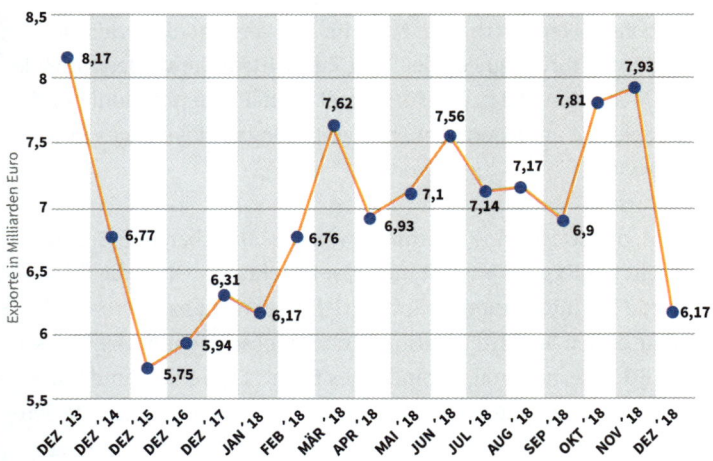

Quelle: Eurostat

handelten Anfang 2015 das Abkommen Minsk II aus. Russland hat es nie umgesetzt. Weshalb die Sanktionen der EU bis heute gelten und nach einem Zwischenfall im Schwarzen Meer ausgeweitet wurden: Ende November 2018 hatte die russische Küstenwache einem Schlepper und zwei Patrouillenbooten der ukrainischen Marine die Durchfahrt durch die Meerenge von Kertsch verweigert, eines der Schiffe gerammt und 24 Seeleute festgesetzt. Bei Drucklegung dieses Buches waren sie noch immer in Haft. Worauf die EU Konten sperrte und weitere Russen auf eine Schwarze Liste setzte.

Die Sanktionen schaden der russischen und der europäischen Wirtschaft. Seit 2014 stagniert der Handel. Aber das ist es wert.

Wert ist es auch, dass sich die EU gegen den Machtmissbrauch durch Erdoğan und seine AKP stellt. Auch in der Türkei werden Journalisten und Oppositionelle eingeschüchtert, mit Berufsverboten belegt, verhaftet. Noch im Exil verfolgt die türkische Regierung ihre Gegner. Die EU ist Zufluchtsort geworden für viele der Menschen, die in der Türkei erst wieder eine funktionierende Demokratie aufbauen können, wenn Erdoğan eines Tages fort sein wird.

Nein, die EU ist keine Weltmacht wie die USA. Aber eine Gegenmacht zur Expansionslust mancher Autokraten. Ohne die EU würde der Internationale Strafgerichtshof nicht existieren und ginge es den Vereinten Nationen noch viel schlechter. Die Waffen der EU: international verbindliches Recht, Diplomatie und Multilateralismus. Und im Ausnahmefall: Sanktionen. So tritt sie den Machos dieser Welt entgegen: nicht mit Waffengeklirr, sondern mit Worten und friedlichen Taten.

19 … weil sie uns nur 50 Cent pro Tag kostet

„Jedes Jahr müssen die europäischen Länder Milliarden an eine Gruppe nicht-gewählter, überbezahlter Sesselfurzer abdrücken. Die EU ist eine riesen Geldverschwendung. Reichere Länder verschwenden dabei das hart verdiente Geld der Steuerzahler an Korruption, ineffiziente Landwirtschaft oder sinnlose Infrastrukturprojekte, die niemandem etwas bringen. Regierungen täten besser daran, das Geld einfach zu behalten."

Da haben wir sie versammelt: alle Vorurteile auf einmal.

Gefunden auf der Debattenplattform *www.debatingeurope.eu.*
Gehen wir sie kurz durch:

Das Budget der EU beträgt rund 140 Milliarden Euro pro Jahr,
macht pro Kopf und Jahr rund 187 Euro. Und das führt zu der
erstaunlichen Erkenntnis: Die EU kostet Sie nur 50 Cent pro Tag.
Das ist weniger als für eine krumme Salatgurke.

Der Apparat der EU ist relativ klein. Knapp 60.000 Angestellte
regeln die Geschicke von mehr als 500 Millionen Menschen. Die
Stadt Wien, mit ihren 1,9 Millionen Einwohnern, beschäftigt ähnlich viele Männer und Frauen. Rund 6 Prozent des EU-Budgets
gehen drauf für die Verwaltung. Hinzu kommen gut 1 Milliarde
Euro pro Jahr für Übersetzungen.

Die Beamten in Brüssel verdienen in der Tat ordentlich. Einige
ranghohe Kader bekommen rund 18.000 Euro Grundgehalt pro
Monat, und wer neu in Brüssel ist, erhält 16 Prozent Auslands-
zuschlag. Dazu gibt es allerlei Einrichtungs- und Wiedereinrich-
tungsbeihilfen. Die Kommission verteidigt derlei Besitzstände
gern mit dem Argument, sie seien bei internationalen Organisati-
onen üblich.

Die Bauern haben früher zwei Drittel des Budgets bekommen.
Demnächst wird es weniger als ein Drittel sein.

Korruption: Kommt in der Tat kaum vor und wird systematisch bekämpft. Das macht leider manche Verwaltungsabläufe
schwerfällig.

Infrastruktur: Gewiss gibt es manche EU-Brücken, die ins Nichts
führen. Schuld daran sind Fehler in den Planungsbehörden der

Mitgliedstaaten. Und es soll nicht mehr vorkommen. Früher genügte es, sich an die Vorschriften zu halten und alle waren happy. Inzwischen ist auch „Performance" ein Kriterium: Geld wirklich nur dort zu investieren, wo es sich auszahlt.

Und es zahlt sich aus. Ein großer Teil des Budgets fließt in Investitionen. In Straßen, Glasfaserkabel, Labore. Für die ärmeren Länder ist das ein wichtiger Posten. Die EU-Kommission hat ausgerechnet: Jeder investierte Förder-Euro wirft binnen zehn Jahren eine Rendite von 2,74 Euro ab. Kein Sparbuch bringt so viel ein.

20 ... weil sie unseren Alltag sicherer macht

Ich habe in den vergangenen Wochen viel gelesen. Also: sehr viel. Brüssel produziert nicht nur Unmengen von Beschlüssen, sondern auch Unmengen von Papier und Websites. Die meisten sind im typischen Brüsseler Beamtenkauderwelsch gehalten. Doch es gibt eine tolle Ausnahme: eine Website, auf der wir echten Menschen begegnen, all jenen, die europaweit für unsere Sicherheit sorgen.

Im Herbst 2017 prüft Mikko Kontiainen, ein finnischer Zollinspektor, Saftflaschen, denen ein kleines Spielzeug beiliegt. Ihm ist schnell klar, dass Kleinkinder daran ersticken können. Über das europaweite Schnellwarnsystem löst er Alarm aus. Behörden von Finnland bis Luxemburg warnen Händler und Verkaufsstellen und rufen bereits ausgelieferte Flaschen zurück. Allein in Finnland werden 24.770 davon vernichtet. 35 solcher Schnellwarnungen gibt es pro Jahr. An die 6 Millionen Spielzeugartikel fischen die Beamten jedes Jahr aus dem Verkehr.

Es gibt viele solcher Geschichten auf dieser Website. Von Ermittlern, die gemeinsam Verbrecher jagen, Laboranten, die Giftstoffen im Essen auf der Spur sind, Männern und Frauen, die zur Stelle sind bei Überschwemmungen und Waldbränden, Zollbeamte, die verhindern, dass China mit Dumpingpreisen die europäische Kachelindustrie plattmacht. Hoch spezialisierte Ärzte aus 300 Krankenhäusern in ganz Europa bilden heute „Referenznetzwerke", teilen ihr Wissen und behandeln gemeinsam seltene Krankheiten.

Mich haben die Geschichten auf der Website berührt. Sie haben mir gezeigt, was Europa konkret bedeutet. Der Alltag: Das sind Menschen wie Mikko Kontiainen, die dafür sorgen, dass unsere Kinder ein kleines bisschen sicherer aufwachsen. Sie finden die Website unter *www.europa.eu/euprotects*. Ich möchte sie Ihnen ans Herz legen.

Wollen Sie sehen, welche Produkte die europäischen Behörden aktuell aus dem Verkehr fischen? All die Fahrräder, bei denen der Rahmen brechen kann, all die Gummienten, die giftige Chemikalien ausdünsten, all die Salzlampen mit mangelhafter Isolierung, all die Babytragegurte, die reißen könnten? Dann googeln Sie einmal „EU Safety Gate" und klicken auf „Weekly Report". Dort sehen Sie die Horrorschau unsinniger Produkte, die zum Glück nie in den Regalen landen. Oder wenn, dann nur kurz.

Exkurs: Die Montanunion und die Mitbestimmung

Wir schreiben das Jahr 1951. Konrad Adenauer und die CDU wollen die Montanunion, den Zusammenschluss der europäischen Schwerindustrie. Kurt Schumacher und die Mächtigen in der SPD sind skeptisch. Adenauer sieht die Chance, das moralisch und wirtschaftlich am Boden liegende Deutschland an den Westen anzubinden. Kurt Schuhmacher will für ein solches Bündnis die deutsche Einheit nicht unbedacht auf Spiel setzen – und wittert ein „Abgleiten in eine zweite Kapitulation sechs Jahre nach der ersten".

Und die Gewerkschaften? Sie können sich mit der Montanunion anfreunden. Sie lösen sich in dieser Frage von der SPD und stellen sich hinter Adenauer – und erreichen durch ihr Verhandlungsgeschick bei den Montan-Verhandlungen, dass die Arbeitnehmerseite seither viel zu sagen hat in der deutschen und europäischen Industriepolitik. So geht der Beginn der europäischen Einigung einher mit dem Beginn der europäischen Mitbestimmung in der Montanindustrie. Dieser Aspekt fehlt in vielen Geschichtsbüchern. Darum soll hier kurz daran erinnert werden.

Die Montanunion: Die Idee kommt aus Frankreich, ein Mann namens Jean Monnet hat sie erdacht. Er stammt aus Cognac, den Weinbrand seiner Familie gibt es bis heute. Zwischen den Weltkriegen berät er die chinesische Regierung bei ihrem Eisenbahnnetz und hilft bei der Gründung einer Bank in San Francisco, während beider Weltkriege hilft er, den Kriegsnachschub der Franzosen mit zu organisieren.

Nun entwickelt er den friedensfördernden Plan, die

Schlüsselindustrien Kohle und Stahl dem Zugriff der nationalen Regierungen zu entziehen. 50 Jahre lang sollen sie von einer gemeinsamen Behörde beaufsichtigt werden, dem Hohen Rat in Luxemburg. Der französische Außenminister Robert Schuman greift die Idee auf und leitet die Verhandlungen ein, die zur Europäischen Gemeinschaft für Kohle und Stahl führen, der EGKS, mit Belgien, der Bundesrepublik Deutschland, Frankreich, Italien, Luxemburg und den Niederlanden als Gründungsmitgliedern. Diese wird die Keimzelle der EU.

Doch die Verhandlungen ziehen sich hin. Adenauer weist seine Gesandten an, den Ausgang der Verhandlungen auf keinen Fall durch Sonderwünsche der „Ruhrkapitäne" zu gefährden. Kurt Schumacher hingegen wettert gegen das geplante Sechser-Bündnis. Dies trage die vier „k" – es sei „kapitalistisch, kartellistisch, konservativ und klerikal". Stattdessen träumt Schumacher laut vom Sozialismus. „Vor die Wahl zwischen einer nationalen und einer europäischen Politik gestellt, wählte die SPD die Nation – nicht allein und nicht in erster Linie um der Nation, sondern um des Sozialismus willen."

Da treten die Gewerkschaften auf den Plan, allen voran die IG Metall, die IG Bergbau und der DGB unter seinem damaligen Vorsitzenden Hans Böckler, erinnert Severin Cramm in seinem Aufsatz „Im Zeichen der europäischen Integration" für die Zeitschrift „Arbeit Bewegung Geschichte". Die Gewerkschaften entscheiden, nicht stur der Parteilinie der SPD zu folgen, sondern vor allem die Interessen der Arbeitnehmer im Blick zu haben. Das Ruhrgebiet steht unter dem Einfluss der Alliierten, viele Menschen leiden Not – sollte dort Armut zunehmen, wären Konflikte unausweichlich. Eine mögliche Folge: Die Sowjetunion könnte versuchen, das ungefestigte Deutschland weiter zu destabilisieren. So steht es im

CORRECTIV

Protokoll einer Vorstandssitzung des DGB vom 7. Mai 1951. Westeuropa müsse zusammenfinden, so eine Meinung, „um der öst-
lichen Bedrohung standhalten zu können". Darum die Entscheidung, sich der europapolitischen Position Adenauers anzunähern
und gleichzeitig für die Interessen der Arbeiter einzutreten, um
Härten zu vermeiden und Mitbestimmung zu organisieren.

Adenauer kommt das gelegen: Das Parlament hat er hinter sich,
aber er braucht für seinen Europa-Kurs eine breite Mehrheit in
der Bevölkerung – und weiß, dass er sie nur mit Hilfe der Gewerkschaften erreichen kann. Deswegen lädt er den DGB zu den
Regierungskonsultationen hinzu. Die Gewerkschaften dürfen sich
an den Verhandlungen beteiligen. Sie dürfen mitreden, wenn es
um Europa geht. Ein Riesenfortschritt für die Arbeiterbewegung.

Die Gespräche zur Montanunion beginnen. Vertreter der deutschen Gewerkschaften sitzen mit am Tisch und setzen etliche
ihrer Ziele durch. Sie erreichen, dass der Hohen Behörde, dem
Exekutivorgan der Montanunion, ein beratender Ausschuss an
die Seite gestellt wird, der zu einem Drittel aus Arbeitervertretern
besteht. Dass wirtschaftliche Härten abgefedert werden. Und
dann setzen die deutschen Gewerkschaften in den verwinkelten
Gesprächen noch einen ihrer größten politischen Erfolge in der
Zeit Adenauers durch: die paritätische Mitbestimmung in der
deutschen Montanindustrie. Ab sofort müssen die Aufsichtsräte
der Kohle- und Stahlkonzerne zur Hälfte mit Vertretern der Arbeiter besetzt sein.

Ein direkter kausaler Zusammenhang mit den Gesprächen über
die Montanunion ist kaum nachzuweisen, aber die zeitliche,
räumliche und inhaltliche Nähe ist schon frappierend.

Das Wirtschaftswunder kann beginnen – und die Soziale Marktwirtschaft.

Politisch wird die Montanunion ein Erfolg, ohne Frage. Wirtschaftlich jedoch gerät sie in schwieriges Fahrwasser. Mit Quoten, Preisfestsetzungen und Subventionen wird der Markt verzerrt. Schon 1962 steht fest, dass die europäische Kohle durch unzureichende Produktivitätsfortschritte immer teurer geworden ist. In den 1980er Jahren schafft der „Davignon-Plan" Produktionsquoten für die Stahlerzeuger. Am 23. Juli 2002 läuft der Vertrag der Montanunion planmäßig aus.

Die EU aber lebt weiter – und mit ihr die Idee der Mitbestimmung.

Meilensteine

1951: Belgien, Deutschland, Frankreich, Italien, Luxemburg und die Niederlande gründen die Europäische Gemeinschaft für Kohle und Stahl (EGKS) oder Montanunion.

1957: Die Römischen Verträge begründen die Europäische Wirtschaftsgemeinschaft (EWG) und die Europäische Atomgemeinschaft (EAG, später Euratom).

1967: EGKS, EWG und Euratom werden zur Europäischen Gemeinschaft (EG).

1985: Auf Basis des Schengener Übereinkommens öffnen immer mehr Staaten innerhalb der EG ihre Binnengrenzen.

1992: Der Vertrag von Maastricht wird unterzeichnet und tritt

1993 in Kraft. Der EG-Binnenmarkt entwickelt sich zur Europäischen Union.

1998: Die Staats- und Regierungschefs Europas beschließen die Einführung des Euro.

2002: Ende der Montanunion. Reform des EU-Vertrages. Und der Euro wird als Bargeld eingeführt.

2004 und 2007: Die Osterweiterung der EU nimmt Fahrt auf.

2009: Der Vertrag von Lissabon tritt in Kraft. Die EU reformiert ihre Entscheidungsprozesse. Einzelstaaten können nicht mehr die Entwicklungen ganz Europas blockieren.

21 … weil sie beim Klimaschutz vorangeht

„In der Klimapolitik führt kein Weg an der EU vorbei", sagt Nils Meyer-Ohlendorf. „Das Abkommen von Paris wäre ohne die EU nicht denkbar gewesen." Nils Meyer-Ohlendorf ist einer der Köpfe vom Ecologic Institut, der Umwelt-Denkfabrik in Berlin. Er ist oft in Brüssel. Er kennt die „Maschinenräume" der EU. Er weiß, wie es hinter den Kulissen zugeht. Er sagt: „Die Schlagzeilen, wenn wieder Orbán und Macron aufeinander herumhacken, sind das Eine. Die alltägliche, konstruktive Arbeit ist wichtiger. Wenn Beamte und Politiker aus 28 Ländern um einen Tisch sitzen und trotz aller Differenzen detaillierte Gesetzestexte zum Klimaschutz verabschieden. Das ist eine erstaunliche zivilisatorische

Treibhausgas-Emissionen der EU bis 2015, Projektionen bis 2035 und Minderungsziele bis 2050
Millionen Tonnen Kohlendioxid-Äquivalente

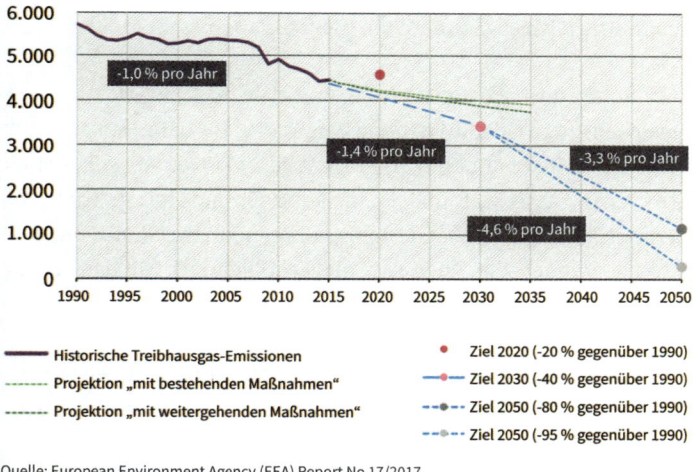

Historische Treibhausgas-Emissionen

Projektion „mit bestehenden Maßnahmen"

Projektion „mit weitergehenden Maßnahmen"

Ziel 2020 (-20 % gegenüber 1990)

Ziel 2030 (-40 % gegenüber 1990)

Ziel 2050 (-80 % gegenüber 1990)

Ziel 2050 (-95 % gegenüber 1990)

Quelle: European Environment Agency (EEA) Report No 17/2017, Trends and projections in Europe 2017, Figure ES. 3

Leistung. Das hält den Kontinent zusammen. Oft unsichtbar, aber ziemlich wirksam."

Es ist ja immer wieder erstaunlich: Die EU-Länder haben sich verpflichtet, in der zweiten Hälfte des Jahrhunderts klimaneutral zu sein; sie diskutieren, dies bis 2050 hinzubekommen. Wollen dann von Belgien bis Zypern den Kohlenstoff aus ihrer Wirtschaft verbannen und Treibhausgasemissionen ausgleichen. In nur drei Jahrzehnten. „Eine Menschheitsaufgabe", sagt Nils Meyer-Oh-lendorf. „Kein Staat kann sie allein lösen."

Im Augenblick ist die EU auf einem guten Weg: Bis 2020 hatten sich die Länder vorgenommen, 20 Prozent weniger Treibhausgase auszustoßen als 1990. Und das wird gelingen. Dabei ist die Wirtschaft im gleichen Zeitraum um mehr als 50 Prozent gewachsen.

Nun stehen die nächsten Ziele an, und die sind schwerer zu erreichen. 2030 ist eine wichtige Wegmarke. Bis dahin sollen die Emissionen insgesamt um 40 Prozent gesenkt werden, soll mehr Strom aus Wasserkraft und Sonne, aus Raps und Holz gewonnen werden, sollen Gebäude energiesparender und Staubsauger stromsparender sein. Aber, sagt Meyer-Ohlendorf: Mit den bisher beschlossenen Maßnahmen werden wir das nicht schaffen.

„Europa muss mehr tun", sagt er. „Aber ich kann es nur wiederholen: Es geht nur gemeinsam. Die EU ist besser als die Summe ihrer Teile."

22 ... weil sie über die Demokratie wacht

Streit gibt es bis heute zwischen den mächtigen Männern Europas. Zwischen Salvini und Macron, zwischen Schäuble und Varoufakis. 1963 verhinderte Charles de Gaulle mit seinem Veto, dass die Briten der EU beitreten. Aber dass bösen Worten Panzer folgten? Undenkbar. Auch wenn dicke Luft herrscht zwischen zwei Hauptstädten – die EU-Kommission arbeitet weiter an ihren Staubsaugerrichtlinien. Bürokratie ist ein großartiger Kitt.

Manche klagen, die EU sei zu nüchtern. Doch das ist auch ein Vorteil. Es gibt keine Schwüre, keinen Patriotismus. Europa: „Die technokratisch-vernünftige Antwort auf ein emotionsgeladenes, hitziges Jahrhundert der Kriege", schrieb eine Kollegin von der „Zeit" einmal.

Auch wenn es immer wieder Streit gibt: Die EU hat viele Krisen bewältigt. 1992 stimmten die Dänen gegen den Maastricht-Vertrag, 2001 votierten die Iren gegen den Vertrag von Nizza, 2005 die Franzosen gegen die EU-Verfassung. 1999 trat die EU-Kommission unter Jacques Santer zurück, weil eine Kommissarin gemauschelt hatte. Die Schuldenkrise und die Flüchtlingskrise haben den Kontinent erschüttert. Die EU schlingerte. Und dampft doch weiter.

Sorgenkind aktuell: Viktor Orbán, der ungarische Ministerpräsident. Er hat die Meinungs- und Versammlungsfreiheit eingeschränkt, das ungarische Verfassungsgericht geschwächt und lässt gegen den Milliardär und Philanthropen George Soros hetzen. Ein von der Regierung eingesetzter Medienrat überwacht jetzt Journalisten, mehr als 700 wurden gefeuert.

Im September 2018 stimmte das EU-Parlament dafür, die Regierung Orbán nach Artikel 7 des EU-Vertrags zur Rechenschaft zu ziehen. Und während ich dies schreibe, am 20. März 2019, berät die konservative EVP-Fraktion, ob sie Fidesz rauswirft, die Partei Orbáns. In den Straßen von Budapest hatten Plakate gehangen, die EU-Kommissionspräsident Jean-Claude Juncker zeigen und hinter ihm – quasi als Einflüsterer – besagten US-Milliardär George Soros. Auf Facebook verbreitete die Regierung Märchen über die EU-Migrationspolitik: Dass angeblich Ansiedlungsquoten für Migranten erlassen werden und der Schutz der Außengrenzen absichtlich geschwächt würde.

Das war zu viel, fanden die konservativen Parteien in Europa

– und setzten die Mitgliedschaft von Fidesz in der EVP-Fraktion aus.

Wer die Demokratie schwächt, bekommt es mit den anderen zu tun. Und wer Streit anzetteln will, dem tritt Europa entgegen.

23 … weil Verbrecher jetzt europaweit gesucht werden

Es gibt echte Kriminalität. Und es gibt gefühlte Kriminalität. Letztere steigt, wenn man zu oft „Bild" liest. Schon fühlt man sich umgeben von Verbrechern. Stimmt aber nicht: In vielen Bereichen sinken die Quoten. Und wer annimmt, offene Grenzen führen zu mehr Einbrüchen, und so naiv ist zu glauben, schwere Jungs und Mädchen ließen sich noch aufhalten durch Kontrollen am Schlagbaum – der irrt.

Wobei auch richtig ist: Die europäischen Sheriffs haben eine Weile gebraucht, bis sie sich vernetzt haben. Seit 1995 gibt es das Schengener Informationssystem (SIS), eine Art elektronisches Fahndungsbuch. Anfangs hatte es 3 Millionen Datensätze. Heute sind es fast 80 Millionen. Laut EU-Kommission wurde das SIS 2017 rund 5 Milliarden Mal konsultiert, was zum Aufspüren von 200.000 Kriminellen und fast 40.000 Festnahmen führte.

Polizisten können mit ihren mobilen Geräten europaweit Pässe einlesen und sehen, ob jemand zur Fahndung ausgeschrieben ist. Das ist die Habenseite. Die Gefahr: Dass dieser riesige Datensatz missbraucht wird. Bei einer Datenklau-Affäre stahl ein belgischer

Beamter Daten aus einem SIS-Computer und verkaufte sie an die organisierte Kriminalität.

In Den Haag residiert Eurojust, die europäische Justizbehörde. Juristen und Ermittler aus allen EU-Ländern sitzen dort Tür an Tür. Früher dauerte es Monate, bis Behörden eines anderen Landes ein Rechtshilfeersuchen beantworteten. Heute klappt das binnen weniger Stunden. Und das geht so: Angenommen, eine Staatsanwältin aus Stuttgart will ein Delikt in Bilbao aufklären lassen – dann kontaktiert sie den deutschen Kollegen bei Eurojust in Den Haag. Der geht ein paar Büros weiter, spricht mit seiner spanischen Kollegin, und die veranlasst, dass in Bilbao Ermittler losgeschickt werden.

Und nach gestohlenen Landmaschinen fahnden deutsche und polnische Polizistinnen und Polizisten jetzt gemeinsam.

24 … weil sie Wölfen, Kranichen, Seeadlern hilft

Ja, stimmt: Vieles, was die Umweltgesetze der EU erreichen, wird von der Agrarpolitik der EU wieder eingerissen. Trotzdem ist sie wichtig. Zum Beispiel NATURA 2000, der weltweit größte Verbund von Schutzgebieten. Mischwälder in Rumänien gehören dazu, Moore in Schweden und Halbwüsten in Spanien. Rund 18 Prozent Europas und 15 Prozent Deutschlands sind so geschützt.

Experten sagen: NATURA 2000 habe Millionen Zugvögel gerettet und Dutzende Naturparadiese vor der Zerstörung bewahrt. Seeadler, Kraniche und Wölfe wären sonst chancenlos. Wobei auch richtig ist: Im Alltag fehlt häufig Geld, um die Reservate angemessen zu bewirtschaften.

„Man kann noch einiges verbessern, etwa kleine Schutzgebiete verbinden und Fische stärker einbeziehen, aber insgesamt hat NATURA 2000 durchweg positive Effekte auf die Biodiversität", hat Konstantin Kreiser einmal gesagt, beim Naturschutzverband Nabu für internationale Biodiversitätspolitik zuständig. Nicht überall gehe es aufwärts, aber ohne das Gebietsnetz wäre es schlimmer.

Auch Dominique Richard vom Naturkundemuseum Paris lobt das Konzept. Obwohl der Druck auf viele Ökosysteme weiter hoch sei, habe sich das Konzept bewährt: „NATURA 2000 gibt den Arten jetzt Zeit, sich zu erholen, und wir sehen bereits eine Anzahl von Erfolgsgeschichten."

25 ... weil Schlagbäume die deutsche Wirtschaft Milliarden kosten würden

2016 – die Flüchtlingskrise flaute gerade ab, Horst Seehofer & Co. liebäugelten mit Grenzschließungen – ließ die Bertelsmann Stiftung ausrechnen, was die deutsche Wirtschaft ein Ende von Schengen kosten würde. Deutschland hätte das binnen zehn Jahren bis zu 235 Milliarden Euro gekostet, EU-weit wären es bis zu 1,4 Billionen Euro gewesen.

Auch die französische Regierung ließ damals rechnen und fand heraus: Über einen Zeitraum von zehn Jahren entsprächen die Verluste einer Drei-Prozent-Steuer auf den Handel im Schengenraum.

Dahinter steht eine einfache Rechnung: Längere Wartezeiten bedeuten für die Unternehmen höhere Kosten. Zudem müssen die Lagerbestände erhöht werden, weil Just-in-time-Lieferungen nicht mehr garantiert werden können. Und weil der größte Teil der deutschen Exporte per Lastwagen in die EU-Länder geht, käme gerade uns das teuer zu stehen.

Exkurs: Was fordern Europas Populisten?

Die Attacken auf ein demokratisches, offenes Europa kommen aus vielen Richtungen und sie sind je nach Land verschieden. Der gemeinsame Nenner der Anti-EU-Parteien:

1. Populisten wollen Ungarns Rechtsbrüche tolerieren.

Im September 2018 beschließt das Europaparlament mit Zweidrittelmehrheit, ein Verfahren gegen Ungarn einzuleiten. Weil das Land Vereine verboten, Journalisten mundtot gemacht, eine freie Justiz behindert und damit die rechtsstaatlichen Prinzipien der Europäischen Union verletzt hat. Ein Jahr zuvor hat die EU-Kommission ein ähnliches Verfahren gegen Polen eingeleitet. Falsch, findet unter anderem die österreichische FPÖ.

2. Populisten wollen Russland nachgeben.

Im März 2014 besetzt Russland die ukrainische Krim und beginnt seinen verdeckten Krieg im Osten der Ukraine. Die EU reagiert mit Wirtschaftssanktionen. Unnötig, finden die italienische Lega, die österreichische FPÖ, die deutsche AfD, die rechtsextreme griechische Goldene Morgenröte, die rechtsextreme ungarische Jobbik und die rechtsradikale SPD aus Tschechien. Und fordern, die Sanktionen gegen den Kreml aufzuheben.

3. Populisten wollen aus der NATO austreten.

„Die NATO ist ein Überbleibsel des Kalten Krieges", schreibt die deutsche Linke in einem ihrer Programme. Und weiter: „Die Linke will die NATO auflösen und durch ein gesamteuropäisches kollektives Sicherheitssystem unter Beteiligung Russlands ersetzen." Und schlägt als ersten Schritt den Austritt Deutschlands aus den „militärischen Strukturen" der NATO vor. Damit ist die Linke in schlechter europäischer Gesellschaft: Die rechtsextreme griechische Goldene Morgenröte und die ultranationalistische slowakische ĽSNS fordern Ähnliches.

4. Populisten wollen aus der EU austreten.

Das war mal recht populär: Zu behaupten, der Austritt des eigenen Landes aus der EU sei für vieles die Lösung. Seit dem Brexit-Desaster ist das in den meisten Parteien vom Tisch. Aber nicht in allen. Die niederländische Freiheits-Partei um Geert Wilders und die tschechischen Rechtsradikalen der SPD fordern weiter den Austritt. Genau wie in abgeschwächter Form die deutsche AfD: Sollte die EU nicht spuren und in „angemessener Zeit" die Reformvorschläge der AfD umsetzen, werde man für den Dexit kämpfen.

5. Populisten wollen keine gemeinsame Außenpolitik.

In Zeiten von Trump, Putin, Erdoğan, Assad sei es wichtig, dass
die EU mit einer einheitlichen, starken Stimme spricht. Finden
Macron, Merkel, Juncker und viele andere Europäer. Falsch, sagen
der Front National und die AfD – und fordern ein „Europa der
Nationen". In dem jeder wieder allein vorsprechen darf in Moskau
und Washington.

6. Populisten wollen Handelsabkommen blockieren.

Die letzte Europawahl kreiste um das Thema TTIP, das geplante
Freihandelsabkommen mit den USA. Trump hat es später beer-
digt. Es gibt viele berechtigte Einwände gegen derlei Abkommen,
natürlich müssen sie sozial- und umweltverträglich gestaltet
werden. Aber sie fördern Handel und schaffen Wohlstand. Nein,
stimmt nicht, finden die Fünf-Sterne-Bewegung, Front National,
La France Insoumise, die Dänische Volkspartei, Vlaams Belang
und die FPÖ.

7. Populisten wollen Grenzkontrollen einführen.

Populismus heißt unter anderem: Einfache Antworten auf
schwierige Probleme geben und hoffen, dass man damit durch-
kommt. Schlagbäume, um Flüchtlinge aufzuhalten – damit
liebäugeln die niederländische Freiheitspartei, Front National aus Frankreich, Vlaams Belang aus Belgien, die FPÖ, die
Schwedendemokraten.

8. Populisten wollen keinen Klimaschutz.

Das Pariser Klimaabkommen verpflichtet die Länder der Welt,

die Erderwärmung auf deutlich unter 2 Grad zu begrenzen – und alle 5 Jahre zu berichten, was man erreicht hat. Kann wegfallen, finden Front National, die Dänische Volkspartei und die Konservative Volkspartei Estlands und fordern den Ausstieg.

Inspiriert wurde diese Liste von einem Aufsatz der beiden Politikwissenschaftler Susi Dennison und Pawel Zerka. Er heißt „How anti-Europeans plan to wreck Europe" und analysiert, im Auftrag der Denkfabrik ECFR, die Europawahl-Programme der populistischen Parteien.

26 ... weil sie beinahe eine Digitalsteuer eingeführt hätte

Sehen Sie, so schnell kann es gehen: Anfang März hatte ich in das Konzept für dieses Buch geschrieben: Kapitel 26: „... weil die EU eine Digitalsteuer einführt". So sah es damals aus. Doch daraus wurde doch nichts. Nun, drei Wochen später, ist die Steuer vom Tisch. Weil Irland, Dänemark und Schweden dagegen gestimmt haben. Und weil Deutschland nun auch nicht gerade gedrängelt hat – aus Angst, die USA zu verprellen.

Vor allem Frankreichs Präsident Emmanuel Macron wollte diese Steuer. Sein Plan: Bei Internetriesen wie Google und Facebook, Amazon und Netflix nicht die Gewinne zu besteuern, denn die werden ohnehin kleingetrickst. Sondern die Umsätze. Den Gebrauch von Daten.

Allein: Bei Steuerfragen müssen sich in der EU alle einig sein. Ein Land kann alles blockieren. Und sei es Malta. Die Steueroase, in der DAX-Konzerne von Niedrigsteuersätzen profitieren. Die EU will seit langem dagegen vorgehen. Malta aber lebt gut von den Tricksereien. Und so darf die Insel, auf der weniger Menschen als in Essen leben, die EU weiter vorführen.

Einige forderten auch jetzt wieder, den Zwang zu einstimmigen Entscheidungen bei Steuerfragen abzuschaffen. Sonst gehe es nie voran. Andere sagen: Bei so wichtigen Fragen müsse man alle Länder mitnehmen. Das gebiete die demokratische Verfassung der EU. Die Diskussion läuft.

Frankreich macht nun einen Alleingang bei der Digitalsteuer. Deutschland will die OECD bemühen. Und sollte das nichts bringen, will Berlin es noch einmal im zweiten Halbjahr 2020 versuchen. Dann, wenn Deutschland die EU-Ratspräsidentschaft innehat und die europäische Agenda prägen darf. Viel einbringen würde die Digitalsteuer nicht. Einige Milliarden Euro. Aber sie wäre ein Symbol.

Experten schätzen, dass den EU-Staaten durch legale und illegale Steuertricks jedes Jahr rund eine 1.000 Milliarden Euro entgehen. Kommissionschef Juncker hat gesagt, in Europa nähme man es nicht mehr hin, „dass mächtige Unternehmen in Hinterzimmern illegale Steuerdeals aushandeln." Zumal diese Einnahmen in Zeiten klammer Kassen den Staaten für Krankenhäuser oder Schulen fehlten.

Es ist eine recht neue Erkenntnis für Herrn Juncker. Zur Wahrheit gehört, dass er in seiner Zeit als Premier- und Finanzminister in Luxemburg vieles tat, um Unternehmen bei der Vermeidung von Steuern zu helfen. Und auch als Kommissionspräsident hätte er viel mehr machen können, um Steuerehrlichkeit und Steuergerechtigkeit voranzubringen.

Immerhin hat die EU-Kommission Irland im August 2016 verpflichtet, rund 13 Milliarden Euro zu wenig gezahlte Steuern von Apple einzutreiben. Erst weigerte sich Irland, dann klagte die Kommission, inzwischen hat Apple überwiesen.

Der nächste kleine Schritt: eine gemeinsame Körperschaftsteuer-Bemessungsgrundlage. Sie soll dafür sorgen, dass Unternehmen ihre Gewinne nicht künstlich kleinrechnen oder in andere EU-Länder verschieben können, um ihre Steuerlast zu senken. Bereits beschlossen ist ein „Country by Country Reporting":

Konzerne müssen jetzt gegenüber dem Fiskus offenlegen, wie viel Steuern sie in welchem Land bezahlen.

27 ... weil sie eine Generation Europa schafft

Es war wieder einmal Frankreichs Präsident Emmanuel Macron, der vorgeprescht ist. Laut hat er davon geträumt, dass bald jeder Schüler und jede Studentin mindestens zwei Sprachen spricht und eine Mehrheit von ihnen für ein halbes Jahr ins Ausland geht. Macron ist seiner Zeit voraus: Im Augenblick macht nur jeder zehnte Studierende ein Auslandssemester. Und bei den Lehrlingen und Angestellten sind es noch viel weniger. Dabei war es für Handwerksgesellen einmal Pflicht, „auf die Rolle" in fremde Städte und Länder zu gehen; nur so konnten sie ihre Ausbildung vollenden.

Aber: Sie wächst heran, die Generation Europa. Das belegen Umfragen. 77 Prozent der unter 24-Jährigen fühlen sich heute als EU-Bürger. Bei den Älteren, denen über 55, sind es nur 59 Prozent. Auch, weil bis heute 9 Millionen junge Menschen mit Erasmus+ durch Europa geschickt worden sind, dem weltgrößten Förderprogramm von Auslandsaufenthalten. Und dem beliebtesten EU-Projekt: Der Name löst bei fast 90 Prozent der Europäer positive Assoziationen aus.

Längst wendet sich Erasmus+ nicht mehr nur an Unis: Seit langem können auch Betriebe mitmachen und ihre Auszubildenden für eine Weile ins Ausland schicken, damit sie dort ihren Horizont erweitern.

Wie Erasmus Dein Leben ändert?

Gefahr von Langzeitarbeitslosig-
keit ein Jahr nach dem Abschluss
im Vergleich zu nicht-mobilen
Studenten

Gefahr von Langzeitarbeitslosig-
keit 5-10 Jahre nach dem
Abschluss im Vergleich zu
nicht-mobilen Studenten

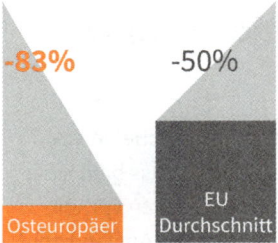

-83% -50%

Osteuropäer EU Durchschnitt

Südeuropäer: -56%

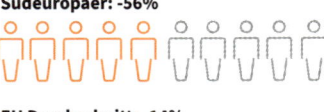

EU Durchschnitt: -14%

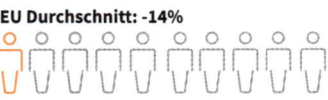

**Zahl der Erasmus-Studenten, denen
eine Position in Ihrem Gastunterneh-
men angeboten wurde**

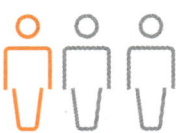

**EU: 1 von 3
Studierenden**

**Südeuropäer:
fast 1 von 2
Studierenden**

Erasmus erhöht

Neugierde

Kompetenz
Probleme
zu lösen

Vertrauen

Anpassungs-
fähigkeit

**Recruiter, die diese
Fähigkeiten schätzen**

Nord Europa: **98%**

EU Durchschnitt: **93%**

Quelle: European Commission –
Erasmus Impact Study 2015

Das Programm nützt nicht nur Europa. Es nützt auch denen, die mitmachen. Erasmus-Studierende finden leichter Jobs und sind seltener arbeitslos. Fast 30 Prozent der Austauschstudenten, will die EU-Kommission herausgefunden haben, hat sogar den Lebenspartner während des Erasmus-Jahres kennengelernt. Das wären 3 Millionen Beziehungen. Wie viele Erasmus-Babys mag es geben?

2016 hat die EU-Kommission ein neues Programm vorgestellt, das Europäische Solidaritätskorps. Es ist eine Art Zivildienst: Junge Leute können damit ein Jahr lang in Europa an sozialen Projekten teilnehmen. Sie erhalten Kost und Logis, Reisekosten und Versicherung und arbeiten in Umweltprojekten mit oder unterstützen Menschen mit Handicap. Mehr als 1 Milliarde Euro stehen demnächst dafür bereit. Wer wird die Solidaritätskorps-Babys zählen?

28 ... weil sie für saubere Luft in deutschen Städten sorgt

Kommen wir zu einem deutschen Trauerspiel. Es handelt von dreckiger Luft und von ignorierten Grenzwerten, von Konzernlenkern, die ihre Arbeiterinnen und Arbeiter hintergehen und deren Jobs gefährden, von Politikern, die vor einer allmächtigen Industrie zu Kreuze gekrochen sind. Am Ende ist wieder mal die EU das Korrektiv.

Seit 1997 diskutieren die europäischen Länder über schärfere Grenzwerte für Stickstoffdioxid. Anfangs mit am Tisch: Deutschlands Umweltministerin Angela Merkel. 1999 verabschieden die

Stickstoffdioxid:
Die Städte mit der höchsten Belastung

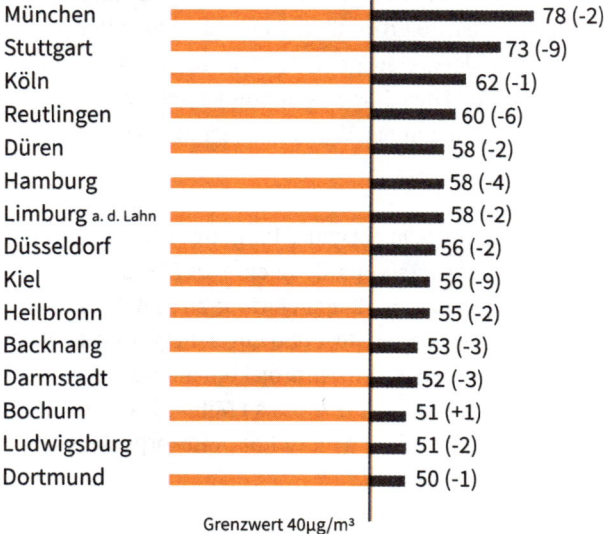

München	78 (-2)
Stuttgart	73 (-9)
Köln	62 (-1)
Reutlingen	60 (-6)
Düren	58 (-2)
Hamburg	58 (-4)
Limburg a. d. Lahn	58 (-2)
Düsseldorf	56 (-2)
Kiel	56 (-9)
Heilbronn	55 (-2)
Backnang	53 (-3)
Darmstadt	52 (-3)
Bochum	51 (+1)
Ludwigsburg	51 (-2)
Dortmund	50 (-1)

Grenzwert 40µg/m³

*NO_2-jahresmittelwerte 2017 in µg pro Kubikmeter Luft (Veränderung zu 2016)

Quelle: Umwelt Bundesamt

Länder die EU-Luftqualitätsrichtlinie und geben einander bis 2010 Zeit, die Grenzwerte einzuhalten.

Stickstoffdioxid ist ein ätzendes Reizgas. Es schädigt das Schleimhautgewebe im Atemtrakt, es kann Atemnot, Husten, Bronchitis und Atemwegsinfekte verursachen. Es raubt Lebenszeit und verkürzt das Leben von Menschen. Gerade von jenen, die an vielbefahrenen Straßen wohnen, über die Tag für Tag Zehntausende Dieselfahrzeuge rollen.

Viele EU-Länder handeln. Deutschland handelt zögernd. Es sieht zu, wie trotz vermeintlich strengerer Abgasnormen die Luft nicht wesentlich besser wird. Bis im September 2015 der Dieselskandal losbricht. Bis herauskommt, was Insidern seit langem klar ist: Dass die deutschen Autobauer manipulieren. Mit beachtlicher krimineller Energie haben sie ihre Kundinnen und Kunden belogen, den Staat überlistet, die Bevölkerung in Gefahr gebracht.

Die Deutsche Umwelthilfe klagt, Anfang 2018 entscheidet das Bundesverwaltungsgericht: Ja, die Städte dürften und müssten gegebenenfalls Fahrverbote verhängen. Die Gesundheit der Menschen gehe vor. 26 deutsche Städte und Regionen sind betroffen: Berlin, Köln, Düsseldorf, das Rhein-Main-Gebiet, mehrere Städte im Ruhrgebiet. Da ist die Luft besonders schlecht.

Andere Städte handeln längst: Der Großraum Paris wird ab Juli 2019 für alte, ab 2024 für alle Dieselfahrzeuge gesperrt und bis 2030 wohl für alle Autos mit Verbrennungsmotoren. In der Londoner Innenstadt müssen die Besitzer älterer Fahrzeuge eine zusätzliche Maut zahlen. In Deutschland aber: Freie Fahrt für alte Diesel.

Auch die EU handelt. Im Mai 2018 verklagt EU-Umweltkommissar Karmenu Vella Deutschland und fünf andere Länder vor dem Europäischen Gerichtshof. „Sie haben in den zurückliegenden zehn Jahren genügend ‚letzte Chancen' erhalten", gibt er zu Protokoll. „Doch sie haben keine überzeugenden, wirksamen und zeitgerechten Maßnahmen vorgeschlagen, um die Verschmutzung schnellstmöglich zu senken."

Endlich, im Februar 2019, legt Wiesbaden als erste deutsche Großstadt einen Luftreinhalteplan vor. Mehr Radwege, mehr

Busse, weniger Diesel. 2020 will man die Stickoxid-Grenzwerte einhalten und so Fahrverbote umgehen.

Wie gesagt: ein Trauerspiel. Seit acht Jahren haben deutsche Politikerinnen und Politiker geltendes EU-Recht wissentlich missachtet. Etwas, das Viktor Orbán aus Ungarn, Jarosław Kaczyński aus Polen oder Donald Trump aus den USA zu Recht zum Vorwurf gemacht würde.

Nun bemühen sich die deutschen Autobauer darum, die Umweltregeln einzuhalten. Das ist entscheidend. Nur wenn sie in der Lage sind, Autos zu bauen, die in Stuttgart und Barcelona, in Frankfurt und Rom fahren dürfen, können die Arbeitsplätze in der Industrie gesichert werden. Es ist wie bei der Einführung des Katalysators. Wenn sich alle an die Regeln halten, wird es für alle besser.

29 ... weil sie gegen Lohndumping vorgeht

Es gilt die Niederlassungsfreiheit: Jeder EU-Bürger darf arbeiten, wo er will. EU-Kommissionspräsident Jean-Claude Juncker regte kürzlich an: Gleiche Bezahlung für gleiche Arbeit am gleichen Ort, um Lohndumping vorzubeugen und der Einschränkung von Arbeitnehmerrechten entgegenzuwirken. Frankreichs Präsident Macron ging sogar darüber hinaus: Er forderte einen europaweiten Mindestlohn, zunächst noch den regionalen Gegebenheiten angepasst.

Allein, das ist Zukunftsmusik. Lohnpolitik ist Sache der Mitgliedstaaten. Die Europäische Union darf den nationalen Regierungen nicht dazwischenreden. Deshalb kann jede Regierung bis auf weiteres entscheiden, ob sie einen Mindestlohn einführen will oder nicht.

Dass er in Deutschland heute gilt, ist nicht nur der SPD und den Gewerkschaften zu verdanken, sondern auch den Nachbarländern. Der fehlende Mindestlohn hatte zu erheblichen Ungleichheiten geführt, etwa in der Fleischindustrie. In deutschen Schlachtbetrieben waren Hungerlöhne von drei bis fünf Euro für Werksarbeiter aus Polen, Rumänien oder Ungarn keine Seltenheit. Sie waren von den Tarifabschlüssen der Gewerkschaften ausgenommen. Damit ist seit 2015 Schluss. Seither gibt es bei uns den Mindestlohn. Und damit bessere Wettbewerbsbedingungen für deutsche Arbeiter.

Die EU-Kommission will jetzt die Entsende-Richtlinie ändern und osteuropäische Arbeiter aufwerten, die in anderen EU-Staaten als Erntehelfer, Spargelstecherinnen oder Bauarbeiter aktiv sind. Bisher haben sie nur Anspruch auf den Mindestlohn des Gastlandes, nun sollen sie auch Anrecht auf dieselben Prämien und Sonderzahlungen wie heimische Arbeitnehmer bekommen und diesen nach zwei Jahren gleichgestellt werden. Das ist nicht nur für die entsendeten Arbeitnehmer gut. Auch für die heimischen Kräfte ist das entscheidend. Sie können nicht mehr gegeneinander ausgespielt werden.

Seit 2010 gilt die Dienstleistungsrichtlinie, die dafür sorgt, dass Selbstständige in allen EU-Staaten arbeiten können. Eine spanische Frisörin kann seither auch in den Niederlanden einen Salon eröffnen und ein Klempner aus Köln in Belgien arbeiten. Zumindest theoretisch. Tatsächlich muss, wer in einem anderen EU-Land arbeiten will, sich von den dortigen Behörden seine

Ausbildung anerkennen lassen. Und da gibt es zig bürokratische Hürden.

Oberstes Prinzip der EU: Gleiche Rechte für alle. Wer in Deutschland, in Griechenland oder Finnland arbeitet, wird dort nach Tarif bezahlt. Das nützt den Arbeitnehmerinnen und Arbeitnehmern und es nützt den Sozialkassen. Faustregel: Weil die ausländischen Arbeitnehmer vergleichsweise jung und gesund sind, zahlen sie doppelt so viel in die Sozialkassen ein wie sie herausbekommen.

In Unternehmen, die Niederlassungen in mindestens zwei EU-Staaten haben, können europäische Betriebsräte gegründet werden, um die Belegschaften in Europa zu vernetzen und auch deren Interessen gebündelt zu vertreten. Die EU unterstützt dies auch finanziell. Europäische Betriebsräte können verhindern, dass die nationalen Belegschaften eines internationalen Konzerns durch das Management gegeneinander ausgespielt werden.

30 ... weil sie über soziale Standards wacht

Wohlgemerkt: über einige. Auch Sozialpolitik ist Sache der einzelnen Staaten. Sozialsysteme sind über Jahrzehnte gewachsen und haben eine unübersichtliche Zahl nationaler Eigenheiten hervorgebracht. Jeder Versuch, die Standards zu vereinheitlichen, ja, eine „Sozialunion" zu schaffen, führte bislang zu Protesten.

Beispiel Mutterschutz: Eine Frau, die ein Kind bekommt, darf in Deutschland und Malta 14 Wochen lang aussetzen. Während sie in Irland, Tschechien und Ungarn annähernd doppelt so lange zuhause bleiben darf – und in Bulgarien sogar fast ein ganzes Jahr. In Irland und Italien erhält eine junge Mutter in dieser Zeit 80 Prozent ihres Lohnes. Der Versuch, hier einheitliche Regeln zu schaffen: gescheitert.

Genauso unterschiedlich sind die Standards beim Renteneintrittsalter, den Lohnsteigerungen, dem Arbeitslosengeld, den Urlaubsansprüchen. Und so weiter.

Kürzlich haben die Regierungschefs der EU die Europäische Säule sozialer Rechte verabschiedet. Sie soll die EU-Staaten auf gemeinsame Standards verpflichten: zu angemessenen Mindestlöhnen, flexiblen Arbeitszeiten für Eltern, hochwertigen Kitaplätzen, Schutz gegen Zwangsräumungen und so weiter. Das klingt gut. Allein – einklagbar oder rechtlich bindend sind diese Standards nicht. Es sind Absichtserklärungen.

Die Erklärung dürfe „nicht einfach eine Aufzählung frommer Wünsche" bleiben, mahnte EU-Kommissionspräsident Juncker. Doch ganz ehrlich: Auch sein Wunsch wird wohl ein frommer bleiben.

Aber einiges hat sie auch hier erreicht, die EU: Sie hat die Wochenarbeitszeit begrenzt und den Urlaub und die Schutzmaßnahmen für Nachtarbeiter ausgebaut. Wer in mehreren EU-Ländern gearbeitet hat, kann sich die Rentenbeiträge anrechnen und in seiner Heimat auszahlen lassen. Vergibt eine Behörde einen öffentlichen Auftrag, muss seit 2014 nicht nur auf den Preis geachtet werden, sondern es können auch soziale und ökologische Gesichtspunkte berücksichtigt werden. Das bevorzugt nachhaltige, faire Unternehmen.

Mutterschutz in ausgewählten EU-Staaten: Dauer in Wochen

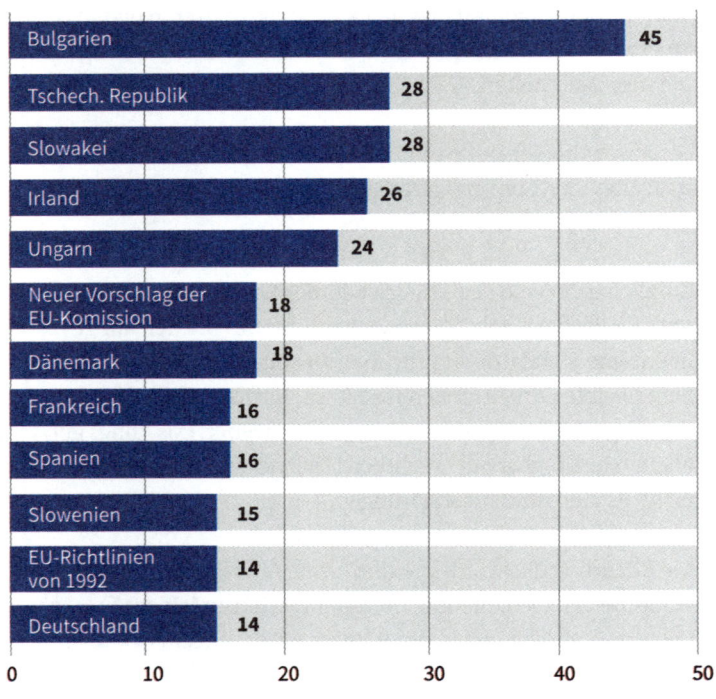

	Wochen
Bulgarien	45
Tschech. Republik	28
Slowakei	28
Irland	26
Ungarn	24
Neuer Vorschlag der EU-Komission	18
Dänemark	18
Frankreich	16
Spanien	16
Slowenien	15
EU-Richtlinien von 1992	14
Deutschland	14

Quelle: Eurostat

Kürzlich ist es der EU-Kommission gelungen, zehn bezahlte Papa-Baby-Tage einzuführen. Ein minimaler Erfolg, und schon der war hart erkämpft. Der Vorschlag, eine viermonatige bezahlte Elternzeit auch für Väter einzuführen, erwies sich als utopisch. Das sei eine Kompetenzüberschreitung aus Brüssel, protestierten die Vertreter mehrerer Länder. Und Rufe wurden laut,

EU-Kommission und EU-Parlament sollten sich bitte nicht schon wieder in die Sozialpolitik einmischen.

Aber immerhin: Zehn Baby-Tage haben die jungen EU-Väter nun.

31 ... weil sie Geldwäsche bekämpft

In der EU gelten strenge Anti-Geldwäschevorschriften, manche sagen: Es seien die strengsten der Welt. Seit 2017, nach den Enthüllungen über die Panama Papers, veröffentlicht die EU-Kommission eine Schwarze Liste mit „nicht-kooperativen Staaten" – die Geldwäsche oder Terrorfinanzierung kaum bestrafen, deren Finanzinstitute Geldströme zu lasch kontrollieren, die keine unabhängigen Aufsichtsbehörden haben oder mauern, wenn jemand wissen will, wer hinter Briefkastenfirmen steckt. Insgesamt 1600 Indikatoren werden geprüft.

Die Liste verändert sich laufend. Aktuell stehen unter anderem darauf: Saudi-Arabien und Iran, Pakistan und Tunesien, Panama und Nordkorea, die Bahamas und Puerto Rico. Und es gibt eine „graue Liste" von Ländern, die unter besonderer Beobachtung stehen. Unter anderem darauf: China, die Vereinigten Staaten und die Schweiz. Um diese Liste gibt es jedes Mal ein großes Gefeilsche. Niemand will darauf landen. Immer wieder werden Länder heruntergenommen. Die EU-Kommission sagt: Weil sie sich gebessert haben.

32 ... weil wir bald mit Galileo zur Oma navigieren können

Eine letzte gute Nachricht. Am 25. Juli 2018 starteten an Bord einer Ariane-5-Rakete Samuel, Tara, Anna und Ellen ins All, die letzten vier Satelliten für das Galileo-Navigationssystem. Sie umkreisen jetzt in 23.200 Kilometern Höhe die Erde, 3,6 Kilometer pro Sekunde schnell. Nicht mehr lange, und das System aus 30 Satelliten wird in Betrieb gehen. Dann haben die Amerikaner GPS, die Russen GLONASS, die Chinesen Beidou und wir in der EU Galileo. Es gibt einen wesentlichen Unterschied: Bei den anderen sitzen letztlich Generäle an den Schaltpulten, bei uns Zivilisten.

Galileo wird selbstfahrende Autos zentimetergenau leiten können. Es ist ein offenes System: Kombiniert man es mit GPS, wird es noch präziser. Und es macht uns unabhängig. Sollten sich Washington und Brüssel eines Tages ernsthaft verkrachen, könnten wir mit Galileo zur Oma navigieren.

Und warum nun Samuel, Tara, Anna und Ellen? Weil die 30 Galileo-Satelliten nach Kindern benannt wurden, die zum Start des Projektes an einem Malwettbewerb teilgenommen haben. Und darunter waren auch diese vier, die heute vielleicht schon groß sind und irgendwo in Europa leben, während ihre Namensvettern durchs All jagen. Samuel, Tara, Anna und Ellen. Gute Reise!

Nachwort:
Wer der EU schaden will – und warum

von R. Andreas Kraemer

Wir sind ihm in Kapitel 16 begegnet: R. Andreas Kraemer, dem Gründer der Denkfabrik Ecologic Institut. Kraemer hat viele Ämter, unter anderem ist er im Vorstand einer Meeresschutzstiftung in Portugal und lehrt an einer amerikanischen Universität. Und er bringt die Dinge auf den Punkt. Und darum hat er hier das letzte Wort. Voilà:

Nicht alle Kritiker wollen die EU gleich abschaffen, sondern wollen ein anderes, besseres Europa. Und manche von ihnen haben auf den ersten Blick gute Gründe: So stimmten in Großbritannien manche für den Brexit, um den Export von lebenden Tieren zu stoppen. Ein ernstes, berechtigtes Anliegen. Allein – hätten sie es nicht wirksamer in der EU und mit der EU vorangebracht als durch gutes Zurufen aus einem Drittstaat?

Nicht alle Kritiker haben so gute Gründe. Und nicht alle wollen ein besseres Europa, sondern manche auch gar kein Europa. Sie wollen die EU schwächen, spalten, zerstören. Sie wissen, was die EU leistet. Und genau dafür hassen sie die Gemeinschaft:

→ Die EU stärkt Arbeitnehmerrechte, und das lehnen diejenigen ab, die über Outsourcing und Lohndumping ihre Gewinne machen.

→ Die EU stärkt Verbraucherrechte, was diejenigen stört, die minderwertige Ware produzieren oder importieren oder Dienstleistungen von zweifelhaftem Wert anbieten.

→ Die EU stärkt den Gesundheitsschutz, was Billigproduzenten und Innovationsverweigerer stört.

→ Die EU stärkt den Umweltschutz, und zwar auf Basis des Vorsorgeprinzips. Das ist gerade den Unternehmen aus den USA und deren Regierung verhasst. Sie tut dies nicht erst nachsorgend, indem die Umweltpolitik den Dreck wegräumt, den Politiker anderer Ressorts zu verantworten haben.

→ Die EU integriert die Belange von Umwelt-, Klima-, Gesundheits- und Verbraucherschutz systematisch in andere Politikressorts. Damit begibt sie sich auf den Weg in eine ökologische, nachhaltige Zukunft.

→ Die EU ist dem Klimaschutz verpflichtet und hat den Emissionshandel eingeführt. Das hassen Wladimir Putin und die fossile Energiewirtschaft Russlands genauso wie die Kohleunternehmer in den USA oder die Fracking-Befürworter, die auch den Brexit fordern.

→ Die EU setzt ihre Regeln zum Schutz des Wettbewerbs auch gegen ausländische Monopolisten durch. Das hassen Gazprom und Rosneft genauso wie Facebook oder Google.

→ Die EU reguliert Banken, sogar die Bonuszahlungen für Banker, und geht nun endlich gegen Steuerhinterziehung und Geldwäsche vor. Das stört die darauf spezialisierten Finanzmenschen, vor allem in der City of London, dem britischen Finanzplatz, der in England kaum reguliert wird.

→ Die EU zeigt, wie internationales Regieren funktioniert. Sie ist das bei weitem erfolgreichste Modell internationaler Kooperation.

→ Die EU wacht über Bürger- und Menschenrechte und über die Freiheiten von Wissenschaft, politischer Opposition und Presse. Sie ist ein Entwurf für eine offene Gesellschaft. Eine Errungenschaft, die zu verteidigen sich lohnt.

Wenn das Modell Schule macht, wird es enger in der Welt für Banken und Unternehmen, die sich nicht in der Karten schauen lassen wollen, während sie ihre Arbeiter und Angestellten ausbeuten, Lieferanten und Kunden abzocken und dem Staat die Steuern vorenthalten. Es wird auch enger für Unrechtsregime in aller Welt, denn die Außenpolitik der EU vertritt nicht allein wirtschaftliche Interessen, sondern auch die Rechte und Werte, auf denen die EU aufbaut.

Es sind liberale Rechte und Werte – liberal in dem Sinne, dass das Recht und die Justiz die Rechte jedes einzelnen Bürgers auch vor der Willkür und dem Versagen des Staates schützen. Die EU ist ein rechtsstaatliches Gebäude, das von Rechtsstaaten errichtet wurde und das die Rechtsstaatlichkeit der Mitgliedstaaten sichert. Darum genau geht es gerade im Streit mit Ungarn und Polen.

Das ist die wahre Stärke der EU und es ist zugleich Grund und Anlass für ihre Feinde, ihr nach Kräften zu schaden. Oder für ihre Bürger ein Grund, für die EU zu kämpfen und zu streiten, wie wir sie noch besser machen können. Für Frieden, Freiheit und Wohlstand in Nachhaltigkeit.

Impressum

1. Auflage April 2019
ISBN: 978-3-948013-00-4
Autor: Ariel Hauptmeier
Herausgeber: David Schraven
Art Direktor: Thorsten Franke
Lektorat: Dr. Swen Wagner
Verifikation: Robert Pitterle
Catering: Ben & Nick

www.correctiv.org

Kontakt: info@correctiv.org
Büro Essen: Huyssenallee 11, 45128 Essen
Büro Berlin: Singerstraße 109, 10179 Berlin

Copyright:
CORRECTIV – Verlag und Vertrieb für die Gesellschaft UG
(haftungsbeschränkt)
Huyssenallee 11 · 45128 Essen
Handelsregister Essen · HRB 26115
Geschäftsführer: David Schraven & Simon Kretschmer

Autor / Art Direktor / Herausgeber

Ariel Hauptmeier / Autor
Ariel Hauptmeier zog viele Jahre als
Reporter um die Welt. Er war Redak-
teur bei Geo, Textchef bei Correctiv
und schreibt heute Bücher. Sein Rat an
alle Europa-Skeptiker: Habt Geduld.
Natürlich gibt es etliche Baustellen.
Aber die EU ist ja auch noch so jung.
Wie wird sie in 10 Jahren sein?

Thorsten Franke / Art Direktor
Ausgezeichneter Grafik-Designer und
Art Direktor. Er arbeitet seit über
20 Jahren im grafischen Gewerbe. Ob
klassische Printproduktionen oder die
Umsetzung digitaler Transformatio-
nen. In Europa gibt es viel zu tun.

David Schraven / Herausgeber
Publisher von CORRECTIV. Preisge-
krönter Investigativjournalist mit einer
Vorliebe für neue Darstellungsformen
und journalistische Erzählweisen.